はじめに

1903年、人類が初めて空を飛んだ。1969年、人類は宇宙に飛び出し、月までその足跡を残すことになった。初めて空を飛んでから、たかだか60有余年で、月まで飛ぶ技術を創造し、型式証明、航空交通管理システムなどの安全に航行するための社会システム基盤を整備、現在では生活の中に溶け込んでいる。その月への道を進めた米航空宇宙局NASAが宇宙船アポロなどの設計検討のために用いた、デジタル解析で有名なNastranが1960年代に登場する。

デジタル解析技術の登場も60有余年経った現在、飛行機登場と
じように社会システム基盤を充実させ、リアルなモノを商品と
たビジネスからデジタルデータを商品としたビジネスへ拡がっ
いる。

史を振り返ると新たな技術は新たなビジネスモデルを創出
新たな社会システム基盤をも構築、定着させてきた。どうや
60年が１つのスパンに見える。月に到達するような派手な技
化とは言えないが、デジタル技術の60有余年の進化は巨大な
タルマーケットを創出した。そこには、成長、運用のため、
化、ルール化、セキュリティ制度などの環境技術や、社会シ
テム基盤の維持のための規制、社会変化の循環型経済、持続可
性の概念も、取り入れられてきた。その動きは、デジタル時代のビジネスとその社会基盤が一般生活の中に溶け込む最終完成形へ近付いている。

デジタル時代のビジネスと社会基盤にかかわるDPP（デジタル

製品パスポート：Digital Product Passport）という、マーケットを維持、成長させるポジティブな目的の含まれた新たな規制が、動き出そうとしている。このDPPは、史上初めてのデジタル基盤がすでに社会普及していることを前提とし、そのデジタル技術を活用する一種のイノベーションのような規制になりそうだ。

筆者は、書籍「バーチャル・エンジニアリング」シリーズで、デジタル技術駆使のモノづくりを中心に紹介してきた。本書『DX＜ビジネス分岐点＞DPP（デジタル製品パスポート）が製造業の勝者と敗者を決める』では、デジタル技術駆使の考え方だけではなく、デジタル技術が創出したマーケットの成長展開とその維持に対する世界の動きを中心に執筆した。

本書の出版に際し、ご尽力を頂いた日刊工業新聞社の土坂裕子氏に御礼を申し上げる。

本書が多くの読者の方にとって、開発・モノづくりにおける新たなビジネスマーケットの創出、ビジネスモデルやイノベーションへの挑戦など、日本のモノづくりとビジネスをリーディングする一助となりましたら、筆者にとって望外の幸せである。

2025年 2 月吉日
内田　孝尚

目　次

序章　デジタル化は経営戦略である …… 1

経営者が集まり議論した「３Dを用いた製造の将来像」／デジタル戦略は経営者の仕事

第１章　デジタルデータという無形資産の信頼保証 …… 7

デジタルデータの信用と信頼性を担保する規制「DPP」／DPPの確立が、デジタルデータのトレーサビリティと改ざん防止を確保する／あらゆる製品は固有の識別子と基本情報を持つ／監督当局がデジタル情報の追跡可能とする規制／この規制対応の何が難しいのか？／デジタルレプリカ、デジタルツイン、バーチャルモデル

第２章　DPPとはなにか …… 20

デジタルデータのビジネス基盤について／40年以上続く循環型経済、持続可能性の概念／DPPで目指す社会／具体的な目標の発表／バッテリー規制が最初のDPP規制対象／バッテリーパスポートは改ざん防止のため、一元管理のデータ管理プラットフォームが必須／対応し始めて判かった。日本が抱える多くの課題／バッテリーパスポート規制で明確になった日本の具体的な課題／日本のデジタル化ビジネス体制を整備してDPPの活用を競争力につなげる

第３章　明らかになった、日本のデジタル社会システム不足 …… 40

サプライチェーン全体の連携と透明性の強化／データ収集と管理の強化⇒デジタルインフラの充実が必須／データ標準化と互換性の確保／バッテリーパスポート規制で判ったDPPへの日本の対応／サプライチェーンの中で管理する項目

第４章　欧州が目指す姿と、その実現に不可欠な充実したデジタル環境 ……62

40年を超えるFP推進、Industry4.0などの産業育成プログラムの展開によりデジタル基盤の環境が整った／すでに動き出している産業施策／ EU政策として動いている主なプロジェクト／ DPP規制に必須のデジタル基盤環境は四半世紀以上前からの施策で整備済み

第５章　デジタル環境の進化が変革をもたらした ……82

設計図が製品そのものというビジネス／製造業では"設計段階"が大きなウェイトを占める／設計段階で、製造品質も含めた全ての仕様が決まる／データドリブン型ビジネスとなった製造業／設計の３Dデジタル化は工場のファブレス化を実現／デジタル環境の進化によりモノづくりとビジネスの変革と、それらを保証する規制が生まれた

第６章　DPPで拡がるビジネス、変革するサプライチェーン … 112

DPP規制はモノづくりのデジタル基盤システムに必要な「無形資産の保証」システム／「無形資産の保証」は新たなビジネスモデルを拡大／DPPにより出現するバーチャルエンジニアリング経済圏／全てのデジタル化したモデルがコア。だからDPP規制が必要／ ３D設計と絡むサプライチェーンの透明性

第７章　最新技術を社会システム実装する …… 129

DPP規制は社会システムを維持する土台／ DPP規制が先か？ デジタルビジネス基盤が先か？／モノづくりの「デジタルビジネス基盤」構築は進んでいるのか？／国家のデジタルビジネス基盤構築と産業育成の例／はたして誰が、推進するのか／デジタルビジネスの動きの迅速化と巨大化

終章　DPPをモノづくり変革の契機と捉えろ …… 147

デジタルビジネス基盤構築のため、国家の産業育成シナリオと公的推進機関の構築を急げ／ 公的デジタルビジネス基盤の提案／おわりに

序章　デジタル化は経営戦略である

0.1　経営者が集まり議論した「3D を用いた製造の将来像」

社会システムのいたるところでデジタル化が進んでいる。コロナ禍を経て、日本のデジタル化が世界の中で驚くほど遅れていることが白日の下に晒（さら）された。

毎年、公表されているスイスの国際経営開発研究所（IMD）の世界デジタル競争力ランキングでは、2022年には日本は29位であったが、2023年には３ランク下がり32 位となった。2017年に17位であったことを見ると、低落傾向はなおも継続中である。アジアの先進国・地域では韓国６位、台湾９位、香港10位が10位以内に入り、中国は順位は停滞してはいるが日本より上位の19位である。

「モノづくりで世界をリードしてきた日本」というイメージからか、日本の製造業のデジタル化が世界の中で大きく遅れていることは国内で理解されていない。例えば、製造プロセスでのCAE技術活用の遅れや、製造現場でのIoT導入率の低さなどから見ても、モノづくりビジネスがデジタル変革した事実などは到底理解されていないようだ。

図0.1は21世紀初頭、世界の自動車会社の役員、開発技術者、IT技術者が集まり、CAD/CAM/CAE/PLMベンダーのシーメンス社を相手に、デジタル開発環境の将来像を議論している一場面

図0.1　自動車業界ではデジタル技術を議論する会議が行われていた

である。中央のコの字状のテーブルには自動車メーカーのメンバーが座り、その周りにシーメンスの社長をはじめとする役員、技術者が取り囲んでいる。

この会議は20社前後の自動車メーカーの役員と技術者が一堂に会し、設計開発環境の将来像を毎年１週間前後かけて議論するものだった。主だったITベンダーも参加して、将来像を共有する場である。写真はそのうちのシーメンスとの情報共有の一場面である。

自動車メーカーのメンバーは１週間、ITベンダーはそのうち１日、例えばシーメンスの日はシーメンスのみ、ダッソーシステムズの日はダッソーシステムズが参加する。欧州、北米、韓国の自動車会社はCIO（Chief Information Officer）、研究所の所長、役員などが１週間割いて、この会議に参加する。

また、シーメンス、ダッソーシステムズなどのITベンダーは１日だけの参加だが、前日に集合、事前準備、会議終了後、内容返答などに加え旅程も含めると１週間前後の時間を費やす対応となる。

自動車メーカーも、ITベンダーからも、役員が参加し、会議

図0.2　欧米のCAEコンファレンスには経営者が参加

をリーディングした。参加者は現在のデジタルビジネスを牽引するリーダーの如く、デジタル展開の将来像が見えていたように思える。

図0.2は当時、世界2位のCAEベンダーが主催するコンファレンス後、セーヌ川の遊覧船で開かれたディナーパーティーの様子を撮ったものである。主催者であるCAE会社の会長、社長を囲み、技術と今後の展開について約3時間半を費やして議論している。この集まりには筆者も参加しているが、座っているのは欧州自動車メーカーとサプライヤの技術役員、購買役員達である。

日本ではCAE専門家以外はCAEの情報に関心を持つことが少なく、日本のCAE分野は他領域、ビジネスと未連携で孤立した産業になっているようだ。そのCAEコンファレンスのディナーパーティーに、欧州では役員が参加し、長時間、CAEの技術と活用連携の将来像について、情報交換を行っているのが日常的な動きのようだった。

0.2 デジタル戦略は経営者の仕事

前述したように、自動車関連の話題であるがデジタル技術を用いた設計開発の将来像の議論には役員が参加し、リーディングする。日本ではほとんど考えられないが、欧州でのCAEコンファレンスには役員が参加し、技術と新たな情報調査を自ら行っているのだ。

一方、日本では経済産業省の企画した「デジタルトランスフォーメーションの加速に向けた研究会」の中間報告書『DXレポート２（中間取りまとめ）』（2020年12月28日）の一部を抜粋すると、経営者が「DXのビジョンが描けていない」ことが指摘されている（**図0.3**）。

デジタル変革と新たな制度の設定

「何のためにデジタル化、DXに取り組むのかという経営目標や戦略の設定」をするのは誰なのか？

デジタル人材の育成が必要という言葉がよく聞こえる。そのデジタル人材とは、「デジタル技術の専門家/担当者」を意味していないだろうか？

企業全体のデジタル戦略を策定し、実行をリードし、デジタル技術の導入と組織全体のデジタル文化醸成を推進するのは、経営者、トップマネージメント層の役割なのである。

「何のためにデジタル化、DXに取り組むのかという経営目標や

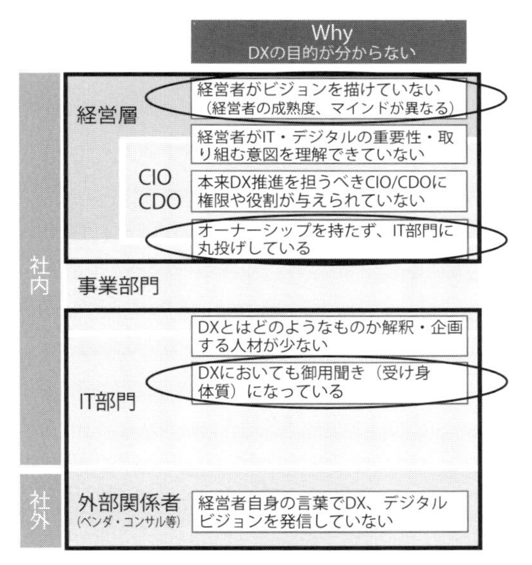

出典：「デジタルトランスフォーメーションの加速に向けた研究会」中間報告書『DXレポート２（中間取りまとめ）』2020年12月28日に著者加筆

図0.3　『DXレポート２（中間取りまとめ）』に記載されたDXの目的についての考察

戦略の設定」をし、推進してきたモノづくりビジネスのデジタル変革は、ほぼ終了に近付いている。それに伴い、工場のファブレス化、事業連携、データ品質、知財権の保証など、新たな制度の設定が始まっている。

これらの活動を理解し、今後もリーダーシップの役割を受け持つのは経営者/CDO（Chief Digital Officer）であり、デジタル変革のリーダー /管理職である。

本書はモノづくりビジネスにおけるデジタル変革の現在までの概要と、新たなビジネス展開への大きな変革となる規制「DPP（デジタル製品パスポート：Digital Product Passport)」について記述する。

【参考データ】

IMD：2023年世界デジタル競争力ランキング 日本は総合32位、過去最低を更新

https://www.imd.org/news/world_digital_competitiveness_ranking_202311/

第1章　デジタルデータという無形資産の信頼保証

1.1　デジタルデータの信用と信頼性を担保する規制「DPP」

「ソフトウェア&システム開発プロセスの品質保証」に関する「組織のプロセス能力を向上させるガイドライン」のCMMIや、「ソフトウェアとシステム全体の企業間のデータおよび開発プロセスの保証」などに関する契約ルールのSPICEなどの社会的なシステムが存在する。だが、データにおいては、その履歴保証と知財権も含む唯一無二のデジタルデータであることの保証についての正確な契約ルール、社会システムなどについての状況情報が少なく、不明な部分が多くあった。

バーチャルエンジニアリング・デジタルビジネスが拡大する中、製品モジュールを含めた製品データ単体での保証は、非常に重要なテーマである。その重要なテーマとして、欧州連合（EU）のデジタル経済戦略の1つであるDPP（デジタル製品パスポート）規制の確立に向けて、すでに動き出している。

1.2　DPPの確立が、デジタルデータのトレーサビリティと改ざん防止を確保する

DPPと呼ばれる取り組みは、

- あらゆる製品は固有の識別子と基本情報を持つ
- ブロックチェーンを用いてトレーサビリティと改ざん防止を確

保する
●監督当局によるデータの検証を可能とする
などの対応を行い、製品の環境への影響力の低減や持続可能な社会を実現するためのデジタルモデル＆データの再活用を促し、情報と資源と生産環境を守るための仕組みである。

1.3 あらゆる製品は固有の識別子と基本情報を持つ

（１）部品レベルまでの管理

DPPにおける「あらゆる製品」が意味するところは、あらゆる製品の各部品レベルまでマイナンバーのような固有の識別子と基本情報を持つことが規制される仕組みなのである。

その徹底した内容は部品の組み合わされた「完成型の製品レベル」だけでなく、その中にある部品の「個々レベル」までの管理なのである。

（２）情報の管理は製造した企業

製品情報については、その製品を製造した企業が正確に管理することが義務付けられる。このため、各企業は正確に製品情報を管理するサーバーが必要となる。

部品・製品のデジタルデータの来歴、品質保証に関するこの規制は、中小企業も含めて、各企業が部品・製品の持つ情報を管理するデータサーバーを持ち、そのデータの固有性を保証するブロックチェーンを用いたトレーサビリティと改ざん防止を確保できる技術を自由に使いこなすことが前提で成立する法律なのである。

（３）情報の知財権保証がもたらす自由ビジネス

全ての部品・製品の持つ情報はガラス張りになり、知られることになるが、その情報のトレーサビリティと改ざん防止は各企業の持つブロックチェーン技術で保証されるのである。

このため、このデジタル環境の保有・維持とガラス張り管理の可能な企業にとって、現在の閉じ込められたようなサプライチェーンの中に、もし存在していたとしても、そのマーケット展開は、サプライチェーンに縛られない自由ビジネスの世界が拡がることになる。

1.4 監督当局がデジタル情報の追跡可能とする規制

このDPPの部品履歴の管理は、部品ごとの具体的な追跡を目的としているため、ロット単位や個別管理、さらには設計仕様の全てが関わるように規制が拡がっていく可能性がある。

DPPは、製造から消費者に至るサプライチェーン全体での透明性を高め、部品の品質・性能をトレーサビリティ情報として保証する役割を果たす。また、単なる設計情報だけでなく、部品のライフサイクル全体を対象にすることで、環境規制やリサイクル、品質保証を確立する仕組みになると言える。

具体的には、DPPの部品履歴の管理項目は次の３つの要素になりそうだ。

（１）設計図・設計仕様のデジタルレプリカ

部品の履歴には、当該部品が準拠する設計仕様や設計変更履歴も含まれる。製品のDPPには、過去の設計や変更情報も含まれる。

その形状表現のデジタル化したデジタルレプリカがその形式になると言える。

（２）ロット単位の管理情報

部品が製造された時期やそのロット番号といった情報。これは従来でも、問題が発生した際、追跡を簡易化するため個別に各企業が管理していた内容。

（３）個々の部品のトレーサビリティ情報

今後、高い精度での追跡が求められる場合、個々の部品ごとにシリアル番号が付与され、それぞれの製造や出荷情報などがデジタルで追跡できるようにする。部品ごとにどの製品に使われたか、どのような履歴を持つかを管理できるようになる。

DPPはこれらの情報の有効活用により、部品レベルでの再活用などによる循環型ビジネスの確立を狙っていることになる。この対応のために、工場内での製造時の情報をリアルタイムモニタリングまで行って、製品品質管理を行うスマートマニュファクチャリング環境への移行が求められることになる。

1.5 この規制対応の何が難しいのか？

- あらゆる製品は固有の識別子と基本情報を持つ
- ブロックチェーンを用いてトレーサビリティと改ざん防止を確保する
- 監督当局によるデータの検証を可能とする

というDPP規制における対応には、この規制をクリアするための環境を整える必要がある。これは「言うは易し、行うは難し」である。

というのは、従来、品質問題などの課題が生じた時、国の管理部門など（以後、当局と表現）がその情報を入手するために各企業に関連情報の送付を要望する。このやり方であると、製品製造時の情報かどうかが不明である。

そのため、次のステップとして、製造と同時に**図1.1**のように、当局の公開サーバーに製品情報を入力するシステムが一般的に考えられる。これは、トレーサビリティと改ざん防止を当局のセキュリティ管理に委ねることになる。

また、当局のサーバーボリュームは各製品の増加とともにそのデータ流とデータ量が天文学的な大きさとなる。現在、試行としての実現はできても、将来の運営は不可能と言えそうだ。

このDPP規制のデータ管理は**図1.2**の形を提案している。各企

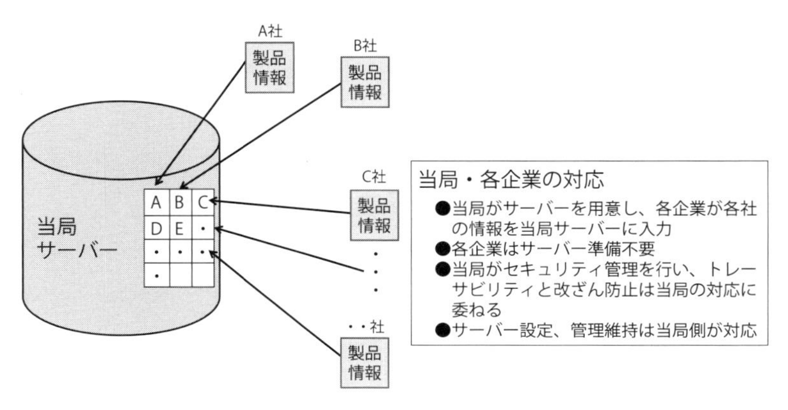

図1.1　従来の考え方では各企業が情報を当局サーバーへ入力

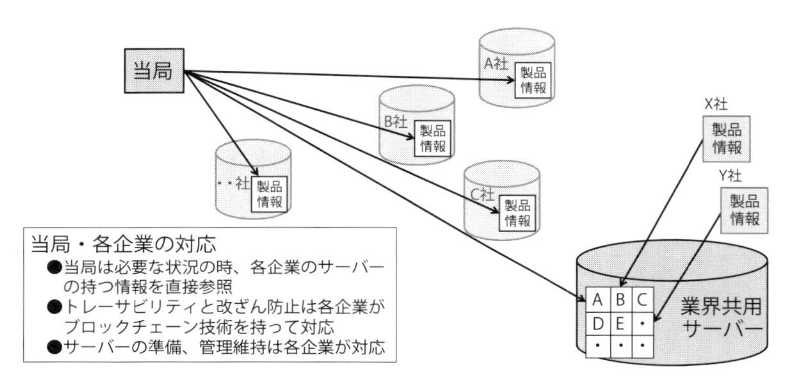

図1.2　DPP規制では各企業・業界がサーバーを用意し、そのアクセス権を当局が持つ

業、または業界共用のサーバー環境を当局とは関係のない形で別に持つ。当局は、このDPP規制のための公開サーバーは存在しない。

セキュリティ管理は各企業がブロックチェーン技術を持ってトレーサビリティと改ざん防止の対応を行うことになる。この技術がなければ、セキュリティ管理もできない。DPP規制対応への資格もないことになる。

すなわち、サーバー環境を持ち、ブロックチェーン技術を持つことが条件の、現代のデジタル環境上で行われるデジタル技術を駆使した規制なのである。

各企業が製品情報を管理するサーバー環境を持っていることが前提であるが、必ずしも各企業がサーバー環境を持っている訳ではない。特に、中小企業では、その環境を持っている会社は多くない。

このことから、欧州では、業界別のサーバーサービスが急速に立ち上がっている。このサーバーサービス体制が構築されることにより、中小企業も、サプライヤも含めたDPP規制対応への参加が保証されることになる。

1.6 デジタルレプリカ、デジタルツイン、バーチャルモデル

本章で、デジタルレプリカという単語が出てきた。次章以降にはデジタルツインという単語が出る。拙著の「バーチャルエンジニアリングシリーズ」では、バーチャルモデルという単語が多く使っている。この３つの単語は全て３Dのデジタル形状、設計仕様情報、パフォーマンス情報を含有したデジタルモデルである。情報の持つ範囲の違いが名称の違いと言える。

デジタルレプリカ、デジタルツインの単語が一般的に使われ始めたのは、2010年代以降であることから、今後、その定義自体が成長する可能性があるが、本書記述時点での2024年での定義を明確にしておきたい。

●バーチャルモデル

開発、モノづくりの３D化展開が始まった20世紀末より、形状、現象、パフォーマンスなどのデジタル表現したモデルの総称として使われてきた。このため、概念と考えると良い。

●デジタルレプリカ：

デジタルレプリカ（Digital Replica）は製品やシステムの設計時点での静的なデータを表しており、以下のような情報が含まれる。

・CADデータ
・構造設計
・材料仕様
・部品リスト
・制御アルゴリズム

「設計情報」や「機能仕様」に重きを置き、静的なモデルとして設計段階で使われる製造事前検討などに用いることを目的としている。形状、機能、制御アルゴリズムなどのデジタル表現した新たな情報を持った設計図の役割と言える。この単語は2010年代後半から一般化され使われているようだ。

●デジタルツイン

設計フェーズだけを見ると、デジタルレプリカと同じ機能/役割と言える。デジタルレプリカは静的な設計段階のデータに基づくものであり、データの更新、成長はない。これに対し、デジタルツインはリアルタイムデータと連携し、データ自体が動的に成長、更新するデジタル情報のモデルと言える。

デジタルツインはリアルな製品やリアルシステムのリアルタイムにおけるデジタルモデルであると言われている。リアルな世界で起こる挙動をシミュレーションやリアルタイム・モニタリングによって取得した情報からバーチャル空間でその動作、挙動を再現し、それらを分析、最適化、予測した情報も含めた全体の情報体がデジタルツインである。

デジタルツインが一般的に使われるようになったのは2010年代前半と言われている。デジタルツインの持つ情報が大きく拡がり、設計情報と明確にする目的にデジタルレプリカという別の言葉が

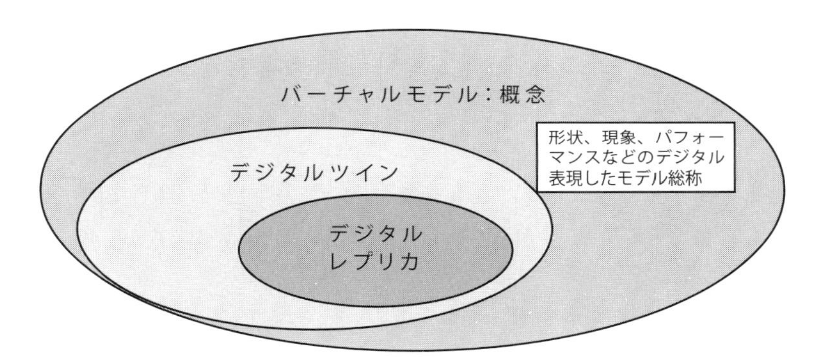

図1.3　デジタルレプリカ、デジタルツインバーチャルモデルの役割イメージ

生まれたのではないかと思われる。

設計フェーズだけで見るとデジタルツイン、デジタルレプリカ、バーチャルモデルのそれぞれの役割はほとんど同じと言える。その役割イメージを**図1.3**に示す。

COLUMN

リーマンショックの激変を肌で感じる

リーマンショックの起こった2008年は、筆者にとってCATIA V４からV５へ完全バージョンUPし、３D設計の定着を狙うプロジェクトの集大成の年であった。全世界の研究所から発行する図面が３D化、データバージョンV５で出図することになることから、世界の各領域の研究所の対応、サプライヤとの情報交換のため、プロジェクトメンバーが手分けして、世界中への出張を行った。このようなことは、当時、CATIAを活用している他のグローバルの自動車メーカーにとっても、３DCADの新たな機能をもつ新バージョンとなるシーメンスNXなどを活用しているグローバルの自動車メーカーにとっても同様の状況であったと思われる。

いま振り返れば、2008年、リーマンショックが起こったということが後で判るが、海外出張時、なんとなく不可思議な状況を感じたようだ。それが気になっていたようで、筆者はこの変化をメモに取っていた。その内容を振り返ると、リーマンショックの激変を肌で感じていたことになる。その筆者のメモの内容を記述する。

<筆者メモ>　“”で囲った部分が当時のメモ

2008年２月

筆者の所属会社（以下、当社）のドイツ研究所へ出張した。この研究所は２輪、４輪、汎用のエンジニア、デザイナーがおり、食堂ではいろいろな話題に花咲く。その時、

“汎用のデザイナーが「アメリカで何かが起こったよ。アメリカで芝刈り機が全く売れなくなっているんだ。」「住宅バブルの影響で

家が売れなくなったり、焦げ付きが出始めているらしい。」”
とドイツで米国の話題が出ていた。
2008年６月
“当社の英国工場とトルコ工場へ出張した。現地でトルコ工場の能力UP計画を聞く。”
この時、世界経済は盛況であった。
2008年８月
“米国で当社中型乗用車が売れ、増産の話を聞く。”
“T社と親睦のゴルフを行うが、T社からは不景気な話は無い。”
2008年９月
“当社社長がテレビ東京のWBSに出演し、増産の話を匂わした。”
2008年10月
筆者は“当社ブラジル工場、米国工場へ出張する。”
ブラジルでは、
“US経済の影響はあまり出てない。”
“安い車や２輪車が売れない。金持ちのセカンドカーは影響がない。”
と米国の不景気の雰囲気は未だ出てない。
“US地区に寄る。不景気な影響が出始めているが生活は問題がない。”
“当社の全世界生産量は最高の月になった。“
筆者メモには「不景気な影響」が何かは未記述。
2008年11月
“ブラジルの当社生産量／販売量最大”
2008年12月
“12月５日、ホンダＦ１撤退発表”

“（ホンダの）株の配当を22円/１株→11円/１株”

筆者は“ブラジル出張。”

“ブラジルのサプライヤを呼んで、12月18日、サプライヤミーティングを計画したがGM/Ford etcへの部品減産、生産調整のため、サプライヤが１週間も早く、クリスマス休暇に入るため、出来なくなる。“

“ブラジル当社工場の空いている駐車場、敷地、道路の端等に当社のメキシコ工場で製造された中型乗用車で溢れていた。”

当社のブラジル支社からメキシコ工場へ要望していたブラジル向けの車として、米国経済の動きから不要となった米国市場向けの分をいっぺんにブラジルに運び、その車の置き場所にブラジル工場の敷地を利用。

筆者の思い出として、10月出張時、ブラジル工場の敷地には、このようなメキシコ工場生産の車はほとんど置いてなかった。むしろ、ブラジル市場に出す車が不足していることから、その要望がメキシコへ出されていたようだ。それが、12月の出張時は敷地という敷地に車が置いてあったのは、驚きであった。

“クリスマスなので町（サンパウロ界隈）のモールは大変賑わっている。12月22日（金）の道路は国外、海岸への脱出のため、日本のゴールデンウィークのように超混雑、渋滞。空港では、航空会社カウンターは（人で）見えない程、混んでいた。”

“空港のラウンジで、車の技術コンサルタントをしているインド系米国人と話す。米国とブラジルを行ったり来たりしている人間だが、世界の自動車会社のビジネスが厳しくなっていることを話しても、彼は理解が出来なかった。“

2009年１月

“トヨタの赤字1500億円ぐらいということが大きな話題になった。”

“１月20日オバマ大統領就任。この日、トヨタは新社長に豊田章男氏を発表。”

“T社のK氏と東京で打ち合わせの約束をしたが、出張制限が始まり、出張不可となったため、TV会議に切り替わる。”

“その後、自工会の報告会に参加のため、東京に来たT社のK氏に会う。”

2009年２月

“CATIA関連の自動車会社６社会議をパリで開催。”

“T社のK氏は出張許可をとるのに、苦労したとのこと。こちらも同様。”

“２月６日トヨタの今年度の決算発表。”

“赤字の発表となり、世の中、唖然とし始めた。“

“２月19日　スウェーデンのサーブ社破綻発表。”

2008年２月にドイツ研究所で「アメリカで何かが起こったよ。アメリカで芝刈り機が全く売れなくなっているんだ。」ということを聞いてから１年後、誰もが、その激変に驚き、リーマンショックが訪れたことに気付かされた。欧州、日本、米国、南米の各地域での変化を肌で感じながら、世界の急激な景気減速という貴重な経験をした１年であった。

第2章 DPPとはなにか

2.1 デジタルデータのビジネス基盤について

製造業のグローバルなトレンドとして、デジタルデータのやり取りで必要となるビジネス基盤の構築が、欧州、北米だけでなく、世界の動きとして進んでいる。

これらの動きは、2000年代半ばから後半にかけて本格化し、現在ではデジタルビジネス基盤の構築が製造業の重要な要素となっている。

具体的な例の１つとして、世界中の各拠点へ部品を一遍に、かつ一瞬で送るということを考えると実物ではほとんど不可能だが、データは瞬間的にできる。また、この逆も可能で、いまの時代は製品情報を世界の各地に送付するだけでなく、現地の顧客の要求、要望、欲求をそのまま、製品開発の検討項目に入れることも日常的に可能となるデジタル社会になっている。

その投資費用が高価であったことから、10年以上前はこのような基盤環境づくりは大企業のみが行っていた。

現在では、製造データの収集、分析、共有を行うクラウドベースの製造プラットフォーム基盤が社会のビジネス基盤として存在していることから、この本を執筆している現在（2024年秋）では個々の個人ユーザーが簡単に、大量に、即座に、データの行き来と保管のできるデジタルデータ基盤が一般に開放され、活用できるようになっている。

　このプラットフォーム基盤は20世紀後半から発達してきたコンピュータ環境と、それをクラウド化した活用方法に伴い、考え方が大きく成長してきた。企業内のIT環境設備の前で限られた人達が活用するのではなく、デジタル技術の構築、データ連携、データ保証などの種々の活用トライアルや失敗の中で、データ、フォーマット、データ流などの標準化、規格化などの整備が進み、コンピュータが登場してからのその歴史が構築した社会基盤とも言える。その社会基盤を安定させるため、新たな世界展開が始まっている。

ぬぐえない不信感の解消に向け動き出す制度

　昨今、認定の不正などの話題が賑わしているが、実際のハードの部品を用いたテスト解析結果でも不正が行われた事実は、たとえ別な課題があったにしろ、不信感を生じさせてしまったと思われる。実物でもそのような課題があるのだから、デジタルデータで行うデータの信頼性はいくらでも不正行為が可能で信頼性に対して疑問が残ることから、デジタルデータを用いたビジネスには限界があるのではないかと思われる読者の方が多いのではないだろうか。

　個々のデータついては、その履歴保証と知財権も含む唯一無二のデジタルデータであることの保証に対する正確な制度や規格などの情報も少なく、今後のビジネスはどうなるのであろうかといった疑問に対して答える説明情報が少なかったのは事実である。

そこでということなのだろうか、それとも、この数十年のデジタルデータ活用による経験がそうさせたのだろうか、今後、サプライチェーン上にあるほとんどの企業に、情報の提供とそのデータ保証の義務が生じる制度構築の動きが始まった。

それは、あらゆる製品に固有の識別子と基本情報を持たせる。言わば、各部品レベルまでマイナンバーのような固有の識別子と基本情報を持たせる制度である。

また、その制度を推進するためには、その情報を正確に管理するサーバーも含めた、データ、フォーマット、データ流などの標準化、規格化などの整備の社会基盤が必要となる。

デジタルを用いたビジネスの社会基盤を維持するために、その社会基盤がすでに存在することが前提で、今後、動き出す法が欧州連合（EU）のデジタル経済戦略の１つであるDPP（デジタル製品パスポート）なのである。

2.2 40年以上続く循環型経済、持続可能性の概念

図2.1を見てほしい。この図の一番上の矢印の中に「循環型経済、持続可能性”概念の形成」と記されている。EUは1980年代にスタートした欧州産業育成プログラム（Flame Program：FP）のころから、「“循環型経済、持続可能性”概念の形成」を始めていたと言われ、それが本当ならば、40年以上前から継続的に“循環型経済、持続可能性”の社会制度を考え、唱えていたことになる。

欧州において、環境問題や廃棄物管理の課題に対する関心の高まりとともに、過去数十年にわたり、製品のライフサイクル全体

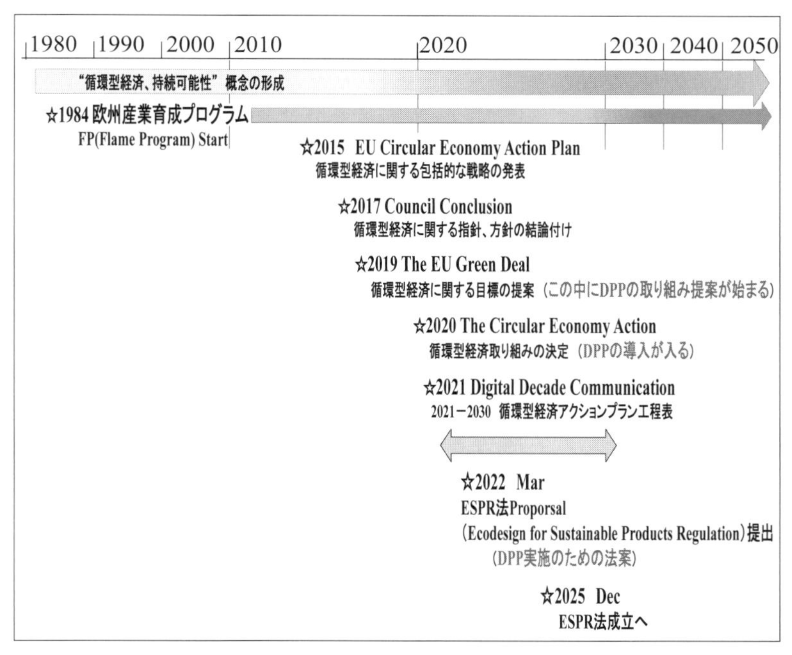

図2.1　EUの循環型経済に関する施策展開とDPP

への責任や、環境への影響に対する取り組みが注目され、それらに対する考え方となる"循環型経済、持続可能性"の概念が形成されてきた。

この概念は、国際的な指針やイニシアティブ、学術研究、政策文書、産業界の取り組みなどを通じて進化し、現在の循環型経済や持続可能性の枠組みの重要な要素となったと言える。考え方が成立してからすでに数十年が経過している。

2011年のIndustry4.0発表後、欧州各国の産業育成政策が動き出し、欧州の産業基盤としてのDX（デジタルトランスフォーメーション）が進展。その結果が拡がるころの2015年には“EU Circular Economy Action Plan”循環型経済に関する包括的な戦略を発表した。その内容は循環型経済を考えることから、あえて、反論することは難しいほど、考えとしては理想的とも捉えられる。

“EU Circular Economy Action Plan”の内容を以下に示すが、現在では普及し、理解が当たり前にもなっている内容も多い。

2.3 DPPで目指す社会

DPPは数十年継続して謳ってきた“循環型経済、持続可能性”を実現するための具体策として次のような項目を提案している。

（１）資源の効率的な利用

資源の使用量を削減し、生産プロセスの効率を向上させるための施策を推進する。資源の供給と需要のバランスを改善し、持続可能な資源管理を促進。

（２）廃棄物の削減とリサイクル

廃棄物の発生量を削減し、リサイクル率を向上させるための目標を設定する。廃棄物の分別収集やリサイクルインフラの整備、廃棄物の法的規制の強化などが含まれる。

（３）再生可能エネルギーの促進

再生可能エネルギーの普及を支援し、二酸化炭素排出量の削減と持続可能なエネルギー供給を目指す。

（４）サプライチェーンの持続可能性

サプライチェーン全体にわたって持続可能な慣行を推進する。企業の責任と透明性を強化し、資源効率と環境への配慮を促進。

これらのアクションプランは、その後のEUが提案する方針、シナリオ、アクションプラン、規制などの基本となった。

2.4 具体的な目標の発表

2017年のEU理事会でデータ保護、プライバシー、クラウドコンピューティング、国際的な協力、イノベーションにわたるさまざまな要素が取り上げられ、データ保護とプライバシーに関連する重要な問題についての指針や方針を提案・確認するための結論（Council Conclusion）が出された。

デジタル経済の発展と市民の権利保護を両立させるための重要な方向性を示したものであり、特にデータ保護、クラウドコンピューティングの推進、国際的なデータガバナンス、イノベーションの促進、市民の信頼確保といった要素が中心で、EUのデジタル政策における今後の発展の基盤となる結論が出された。

この2017 Council Conclusionによって、大きな方向付けがなされたことになる。

2019 The EU Green Dealで政策シナリオの目標を提案

政策シナリオの位置付けとして具体的目標の提案が、2019 The EU Green Dealという名前で行われた。

EUが2019年に提案した包括的な政策枠組みのThe EU Green Dealは、2050年までにEU全体で気候変動を防ぐための持続可能な経済への移行を実現することを目的として、温室効果ガス（GHG）の排出削減、循環型経済の構築、エネルギー効率化、持続可能な産業の促進、生物多様性の保護などが含まれた目標を提言した。

EUは、概念の形成、方向性の発表、指針や方針の決定、具体的目標の提案と段階を正確に進ませてきた。そして、各部品レベルまでマイナンバーのような固有の識別子と基本情報を持つことになるDPPの実現の取り組みが提案された。

このDPPの役割はThe EU Green Dealの持続可能な消費と生産を促進するための重要な手段と位置付けられている。言わば、“循環型経済、持続可能性”社会の基盤規則としての位置付けなのである。だから、この展開は確実に、必ず実現することが基本となった動きとしている。

その基本の法律がESPR（Ecodesign for Sustainable Products Regulation）法であり、そのプロポーザルが2022年３月に提出され、その成立が2025年12月を予定している。DPP運用の最初の適用は次年の2026年以降となる。

2.5 バッテリー規制が最初のDPP規制対象

EUのデジタル経済戦略であるDPPの最初の対象製品として、電気自動車（EV）などに用いられるバッテリーが欧州電池規則案（2023/１/18版）として指定された。また、その後、欧州委員会は、2023年７月28日に新欧州バッテリー規則（EU）2023/1542を発表した。これにより、スマートフォンなどの電気製品に含まれる小型バッテリーも含めた具体的なバッテリー規制がスタートした形だ。

バッテリー規制またはバッテリーパスポートと呼ばれるこの規制は、日本では、DPPの最初の対象製品として選択されたと認識している人が少なく、どちらかと言うと別の独立した規制と判断している人が多いようだ。

バッテリーがDPPの最初の対象製品となったのは、環境問題、循環型経済の推進、EV普及への対応、そして国際競争力の維持に大きく影響していることが選ばれた背景のようだ。使用用途への制限はなく、全てのバッテリーが循環型経済の一環として、トレーサビリティとリサイクルの向上を目指す規制の対象となっている。

新欧州バッテリー規則（EU）2023/1542の第77条には、2027年２月18日以降、軽量でコンパクトなスクーターなどの軽量輸送手段用の各LMT（Light Mobility Transport）バッテリー、容量が２kWhを超える各産業用バッテリー、および市場に出された、または使用を開始した各EV用バッテリーには、電子記録（バッテリーパスポート）が義務付けられる、と記述されている。

このバッテリーパスポートの規則の目的､対応の仕方が判ると、その後、続いて規則化する他製品へのDPPの内容が見えてくる。このため、少し、技術的になるが、この背景を記述したい。

バッテリーパスポート

バッテリーパスポートに記載される主な情報は、バッテリーの製造から廃棄に至るまでのライフサイクル全体を追跡・管理するために必要な情報で、これにより、持続可能なバッテリーの使用を促進、リサイクルや廃棄の際の環境負荷を低減することが目的となっている。

バッテリーパスポートに記載される主な情報を以下に示す。

（１）バッテリーの基本情報

- 製造日：バッテリーが製造された日付
- 製造場所：バッテリーが製造された工場や国の情報
- 製造者情報：製造企業の名前、連絡先情報
- バッテリーの型式・モデル番号：バッテリーの仕様に関する情報

（２）技術仕様

- バッテリータイプ：リチウムイオン、リチウムポリマー、鉛蓄電池などのバッテリーの種類
- 容量：バッテリーのエネルギー容量（WhやAhで表記）
- 電圧：公称電圧および最大電圧
- サイクル寿命：バッテリーの充放電サイクル数とその劣化に関する情報

（３）材料情報

・原材料の情報：バッテリーに使用されているリチウム、コバルト、ニッケル、鉛などの主要材料の情報
・材料の出所：原材料が採掘された場所やサプライチェーンのトレーサビリティ
・リサイクル可能性：バッテリーのどの部分がリサイクル可能か、リサイクル率の目標

（４）環境・社会的インパクト情報

・炭素フットプリント：バッテリーのライフサイクル全体での温室効果ガス排出量
・人権・労働条件：バッテリーの製造や材料調達に関わる労働条件や人権の配慮に関する情報

（５）安全情報

・安全基準適合性：バッテリーが準拠している安全規格やテスト結果
・使用上の注意：過充電や過放電など、使用時の注意事項

（６）ライフサイクル管理情報

・使用履歴：バッテリーの使用期間、使用環境、充電・放電回数などの履歴情報
・保守・修理履歴：修理やメンテナンスが行われた際の記録
・リサイクル・廃棄方法：バッテリーが寿命に達した後の推奨されるリサイクル・廃棄方法

（７）規制適合情報

・規制番号・認証マーク：該当する国や地域の規制に適合していることを示す番号やマーク

上記の中で（1）バッテリーの基本情報、（2）技術仕様、（5）安全情報、（7）規制適合情報は、従来の製造時、開発時の製品情報とほぼ同じなので、バッテリーパスポートの規制が始まっても大きな課題はないと思われる。

ただし、（3）材料情報、（4）環境・社会的インパクト情報、（6）ライフサイクル管理情報は従来の製品製造、ユーザー使用時では製造企業が取り扱ってない項目が多い。

例えば（3）材料情報の材料の出所/リサイクル可能性はサプライチェーンのトレーサビリティの確立と正確なサプライヤとの情報共有体制が必要となる。また、（6）ライフサイクル管理情報においては、その使用状況の情報を管理する、情報改ざんできない公開されたデータ管理システムが必要となる。

2.6 バッテリーパスポートは改ざん防止のため、一元管理のデータ管理プラットフォームが必須

これらの情報を持ったバッテリーパスポートは、持続可能性や透明性を確保するための環境として、サプライチェーン全体にわたる情報の一元管理を目指している。これにより、消費者や規制当局、リサイクル業者がバッテリーのライフサイクルに関する情報に容易にアクセスできるようになる。

すなわち、バッテリーパスポート情報とそれに絡むサプライチェーン全体の情報は改ざん防止が保証され、一元的に管理できるクラウドベースのデータ管理プラットフォーム上でユーザー、サプライヤ、監督官庁などが自由にアクセスできるシステムの存在が必須という条件で行われるのだ。

このようなシステムの存在が必須の上で、バッテリーパスポート規制が動き出す。実はバッテリー以降の製品にも、同様の情報が扱われることになる。

製品の基本情報には、部品、製品の形状、機能パフォーマンス

などのデジタル化された製品機能情報も当然含まれる。これらの情報の改ざん防止、３D設計で規定されるバーチャルモデルの管理が必須となる。

このように、バッテリーの次のDPP規制対象製品での事前検討項目の洗い出しが、このバッテリーパスポートのスタートの背景と言える。

バッテリーが最初の対象製品に選ばれた背景

- 環境への影響：バッテリーは製造から廃棄までのライフサイクルで、環境への影響が大きい製品である。特に、使用済みバッテリーのリサイクルや廃棄に関する環境問題が深刻なことから、これに対応するためのトレーサビリティの確保が必要。
- 循環型経済の推進：EUは循環型経済を強力に推進しており、その中核にある製品としてバッテリーが選ばれた。バッテリーは、リサイクル可能な素材を多く含んでいるため、リサイクルや再利用の促進が重要な課題として、履歴管理が必要。
- EVの普及と政策：EVの普及が進む中、EV用バッテリーの製造、使用、廃棄に関する規制の整備が急務となっている。特に、EVバッテリーのリサイクルや再利用の枠組みを整備することで、持続可能なモビリティを実現する狙いがある。
- 国際競争力の維持：バッテリー産業は国際競争が激化しており、欧州は中国やその他の国々と競争するために、規制を通じてバッテリーの生産とリサイクルに関する基準を国際的に先導しようとしている。

このようにバッテリーは、国際的なビジネス課題、循環型経済において重要な役割を持つ材料である点が、選択理由の1つになっているようだ。

筆者は、それだけではないと考える。

一般製造品と比較して、バッテリーの製品形状はあまり複雑ではない。また、一般製造品では各部品形状が固有の機能パフォーマンスを持つ（例えば、部品ごとの設計仕様の形状が剛性や固有値、機構性能などのパフォーマンスを決定する）が、バッテリーには形状自体の持つパフォーマンス違いは少ない。将来、設計仕様の形状の持つパフォーマンスのデジタル化された情報までも、DPP規制では管理することを考えているようだ。

このバッテリー規制では、パフォーマンスのデジタル化情報の管理に対しては注目せず、そちらの課題は次の対象製品に任せているように思われる。それよりも、まずはサプライチェーンの持つ“循環型経済、持続可能性”を正確に洗い出し、この課題を最初に見直すために最適な製品選択だったように思われる。

2.7 対応し始めて判かった。日本が抱える多くの課題

日本でのバッテリーパスポート対応における課題は、正確なレポートや、書籍などでの記述が見当たらないため、いろいろなWebでの研究会講座や学会講習会での会話などで出てきたキーワードから調べると意外なことに、さまざまな状況に関する情報が聞こえてくる。それらからバッテリーパスポート構築の背景を中心にまとめると、バッテリー製造上の課題が、最初に浮かび上

がってきた。

●化学物質の使用制限

製造上の課題は従来の対応の延長線上にあり、すでにこの課題には日本では対応しているものと思われる。具体的な内容は、EUのバッテリー規制は厳格な技術基準を設定しており、日本企業はこれに適合する必要があったようだ。

例えば、バッテリーに使用される有害物質（例えばカドミウムや水銀など）の含有量に制限が設けられており、日本企業はこれに適合する材料を選定しなければならないようだ。

電気・電子機器に使用される特定有害物質を制限する規制として、EUのRoHS指令はバッテリーも一部対象となり、対応が必要である。

●リサイクルのシステム

エネルギー効率と寿命に関しては厳格な基準があり、日本企業はこれらの基準を満たすために製品の設計や製造プロセスを見直す必要があった。EU規制にはバッテリーのリサイクルや廃棄物管理に関する厳格な要件を含んでおり、これに対応するためのインフラやプロセスの整備が必要で、具体的にはバッテリーのリサイクル率を向上させるための具体的な目標が設定されており、日本企業はこれに対応するためのリサイクル技術やプロセスを開発する必要があったと言われている。

また、廃棄物管理として、バッテリー廃棄物の収集、処理、リサイクルのためのシステムを整備する必要があった。

2.8 バッテリーパスポート規制で明確になった日本の具体的な課題

日本企業の対応には、技術基準の適合、リサイクルと廃棄物管理、コストの増加、迅速な対応、グローバルサプライチェーンの調整など、複数の課題がある。これらの製造上の課題を克服するために、企業は技術革新、プロセス改善、国際協力を強化する必要があったと言われている。

実はこれはバッテリー自体の製品として従来持つ製造と管理の課題であり、近似する内容がリストアップされたことになる。ただし、バッテリーパスポート規制に対応することで、製造上の課題とは別の大きな社会システム上の課題に出会うことになる。

課題には次のような項目がリストアップされる。

（1）サプライチェーン全体の連携と透明性の強化
（2）デジタル環境の遅れに対する対応
（3）データ標準化と互換性の確保
（4）中小企業のデジタル化支援
（5）公的支援の拡充

サプライチェーン全体の連携と透明性の強化

日本企業は複雑なサプライチェーンを持つことが多く、一次、二次サプライヤに至るまでの情報は把握できていても、その下流のサプライヤについては透明性が欠けていることが多い。特に、材料や部品の供給元が複数階層にわたる場合、その全体像を把握することが難しいと言える。

バッテリーパスポートでは、バッテリーのライフサイクル全体にわたる情報の追跡が求められ、日本企業の多くは、そのような細かいトレーサビリティを確保するシステムやプロセスが整備されていない場合が多い。このため、製品の全過程にわたるデータを提供することが難しくなっている。

日本企業のサプライチェーンは、特定のサプライヤに依存する傾向が強く、この集中化はリスクを増大させている。いままでも、災害やその他の突発的な事象が発生した際に、サプライチェーン全体が機能不全に陥ることがあり、バッテリーパスポートのような規制に対応するための柔軟性が必要となる。

また、日本企業は、主に国内市場での規制や標準化に対応するが、海外市場での対応は経験する機会が少ないことからなのか、国際規格や国際的な規制への対応が遅れていることもあり、国際的な規格への適応が後手に回りがちになっている。これがサプライチェーンの透明性確保やトレーサビリティの確立を阻害し、互換性不足から柔軟性の欠如にもつながっていると言える。

デジタル環境の遅れへの対応

日本の製造業は、データ管理や分析、トレーサビリティ確保のためのデジタルインフラが整っていない企業が多く、デジタル技術の導入や活用において遅れをとっていることが多い。

サプライチェーンに関するデータを効果的に管理し、透明性を確保するためには、デジタルプラットフォームやクラウドベースのデータ共有システムが必要だが、日本では、こうしたインフラが十分に整備されておらず、データの収集、管理、共有が手作業に頼っていることが多い。これがデータの正確性や迅速な共有、効率的なデータ共有やリアルタイムでの情報管理を妨げ、バッテリーパスポートの導入における大きな障害となっている。

特にグローバルなサプライチェーンに参加する企業にとって、デジタル化の遅れは競争力に直結する重大な問題となっており、競争力の低下を招く可能性がある。

データ標準化と互換性の確保

バッテリーパスポートでは、製品のライフサイクル全体にわたるさまざまな情報をデジタル化し、それを標準化されたフォーマットで提供することを要求している。

しかし、日本の企業は、これまでの慣習や独自のデータ管理手法に依存しており、欧州やグローバルな標準化されたフォーマットとの整合性が十分に取れていないことが問題視されている。これにより、データの共有や統合が難しくなり、バッテリーパスポートの要件を満たすために追加の対応が必要となる。

具体的な例として、

データ形式の不統一：日本企業内で使用されるデータ形式が統一されておらず、異なる部門間でのデータ共有や外部パートナーとのデータ交換が困難になるケースが多い。

例えば、製品の製造データ、品質管理データ、リサイクル情報などが異なる形式で管理されているため、これをバッテリーパスポートの統一フォーマットに変換する作業が必要となり、手間やコストが増大している。
言語や表記の違い：グローバルで標準化されたデータに合わせるために、日本独自の表記や言語に依存したデータ管理を見直す必要があるが、これに対応するためのリソースやノウハウが不足している企業が多い。日本企業がバッテリーパスポートに対応するためには、データの標準化と国際規格への適応が不可欠だ。

しかし、これらの対応が遅れていることで、グローバルな競争力の低下や市場参入の遅れ、さらにはEU市場でのビジネス機会の喪失などのリスクが高まる可能性がある。この課題に対処するためには、国内のデジタルインフラの整備、規制対応の迅速化、および国際的な協力の強化が必要である。

中小企業のデジタル化支援

多くの中小企業では、製品情報や製造プロセスデータが依然として紙ベースや非デジタルな形式で管理されていることが見られる。これをデジタル化し、統一されたフォーマットで管理することが必要で、特に、製品のライフサイクルに関連するデータ（原材料、製造プロセス、使用期間、リサイクル可能性など）をバッテリーパスポートの要件に沿って整理することになる。
これらのデータを安全かつ効率的に管理するためのクラウドベースのデータ管理システムを用い、一元管理、リアルタイムでの情報共有が可能にする必要がある。

当然、これらのシステムにはセキュリティリスクを管理するため、適切なサイバーセキュリティ対策が求められる。このために、簡単に導入できるセキュリティソリューションの提供や、セキュリティ意識の向上を図るための教育プログラムの実施まで検討することになる。

バッテリーパスポートには製品の詳細な情報が含まれるため、個人情報保護やビジネス機密の漏洩を防ぐためのプライバシー保護措置が重要となる。これに対応するための支援として、プライバシー保護技術の導入や関連法規の遵守に関する知識が必要となる。

中小企業はリソースが限られているため、公的なアドバイス体制が重要なものとなる。

中小企業がバッテリーパスポートに対応するためには、データ管理のデジタル化、サプライチェーンの透明性確保、セキュリティ対策の強化、デジタルリテラシーの向上、そしてデジタル化支援プログラムの拡充が必要で、政府による支援政策が不可欠である。中小企業向けの技術的な支援や教育機会の提供、資金援助、デジタルツール提供などが必要で、これらの支援が整備されることで、中小企業も国際的な規制に対応し、競争力を維持することが可能となる。

2.9 日本のデジタル化ビジネス体制を整備してDPPの活用を競争力につなげる

バッテリーパスポートで判明した課題項目は日本の製造業のデジタル化、DX化の課題と一致し、それらを、日本の製造業の環境として整備することで、世界レベルでのデジタル化された最新製造業の基盤が社会システムとして成立することになる。その社会システムを活用することで、グローバルレベルでの製造業競争力が復活することとなる。

次のようにリストアップされた項目とそれを推進する公的支援について、その背景と今後の展開を踏まえ、次章以降で詳しく説明していきたい。

（１）サプライチェーン全体の連携と透明性の強化
（２）デジタル環境の遅れに対する対応
（３）データ標準化と互換性の確保
（４）中小企業のデジタル化支援
（５）公的支援の拡充

第3章　明らかになった、日本のデジタル社会システム不足

欧州連合（EU）のバッテリー規制に対応する過程で、DPP（デジタル製品パスポート）の導入準備における課題が浮き彫りになってきた。バッテリー関連企業で判明したその課題内容から、DPP規制が全製品に拡がる前に、バッテリー関連企業とは別の産業や企業が、デジタル環境の構築において早急に検討しなければならないと言える。

ここからは、この点に注目しながら、課題分析と今後の進め方の論議をしていきたいと思う。

DPPがDigital Product Passportの略であるように、デジタル化が肝になっている。データドリブン型ビジネスとなった製造業という環境で、より効果的な、より機能的な“循環型経済、持続可能性”の社会システムとするためのデジタル活用規則の設定と、その実施に関する法律なのである。

バッテリー製品は化学物質を用い、その化学反応を機能としている製品である。このため、他の工業製品のように設計の機能仕様や形状の持つ機能パフォーマンスのデジタル表現ではない。３D形状が製品機能を示すようなバーチャルモデルで表現される製品ではない。

しかし、サプライチェーンを駆使した工業製品の立場からのバッテリー規制の対応課題は、デジタルビジネス対応の必要性があぶり出されている。

そのあぶり出された項目としては、次の課題が挙がっている。前章でも説明したが、より注目して説明したい。

（１）サプライチェーンの透明性の構築
（２）デジタルインフラの普及
（３）情報共有のためのデータ標準化
（４）中小企業のデジタル支援

これら４つの課題は各企業単独では標準化された展開が難しいことから、公的支援が必要である。

3.1 サプライチェーン全体の連携と透明性の強化

今回、日本企業がバッテリーパスポート（DPPの最初の規制対象製品）の対応を進める中で、サプライチェーンの課題が明らかになっている。世界のサプライチェーンと比較して、日本独自の要因が関与している部分もある。

ただ、サプライチェーンの実態、課題は、不明な部分が多い。

例えば、東日本大震災時、多くの企業が特定のサプライヤに依存していたことで供給が途絶え、生産が止まったという事態を経験した。

各企業がリスク対応のため、**図3.1**のように一次サプライヤや二次サプライヤと分散していたが、最終的に特定の重要なサプライヤに依存していたことが判明した（**図3.2**）。結果として、そのサプライヤへ業界全体が発注している形となり、供給が途絶えたことで、初めて、サプライチェーンの実態が判ったのだ。

具体的な製品名を言うと、日本の東北地区で生産されていたル

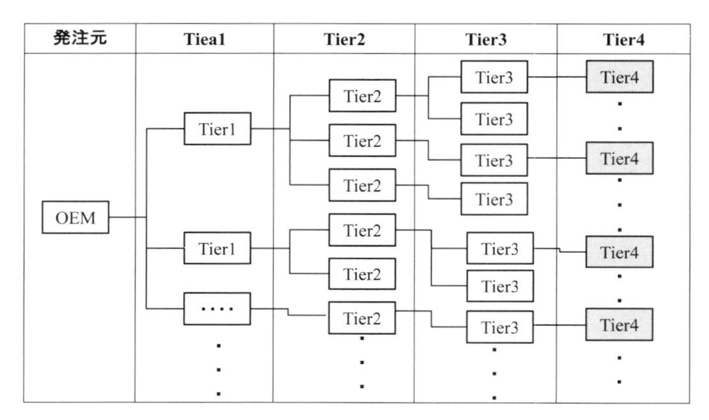

図3.1　各企業がリスク対応のため、Tier 1（一次サプライヤ）、Tier 2（二次サプライヤ）を分散した発注

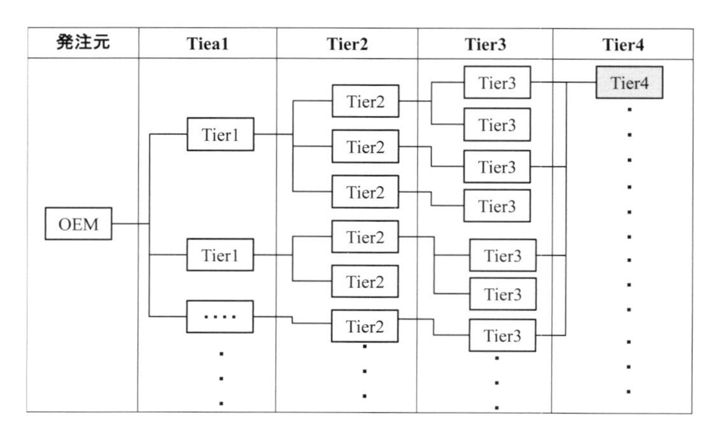

図3.2　リスク対応した発注が、Tier 4（四次サプライヤ）層の同じ企業に集中

ネサスエレクトロニクスの自動車用マイクロコントローラや三井化学およびクミ化成の自動車用樹脂、合成ゴムである。

ルネサスは、世界中の自動車メーカーにマイクロコントローラを供給しており、震災で工場が被災し、世界中の自動車メーカーの生産に大きな影響を与えることになった。また、震災により、化学工場が停止し、自動車用樹脂、合成ゴム生産に必要な材料が不足したため、複数の自動車メーカーが生産を停止する事態に陥った。

これらの部品は、四次サプライヤ（四次供給業者）の層にあたることが多く、自動車メーカーに直接納品されることはないが、一次や二次サプライヤがこれらの重要な部品を必要としていたため、自動車メーカーの生産ラインが止まる原因となり、震災の影響は、自動車産業を中心に、世界的な生産停止や遅延を引き起こすことになった。これらの事実により、サプライチェーンの脆弱性が明らかになった。

脆弱性が顕在化したことで、サプライチェーン全体の可視化とリスク管理の必要性が強調された。この結果、日本だけでなく、世界中のサプライチェーンの見直し、透明性の確保の動きがあった。

今回のバッテリーパスポートから、サプライチェーンの課題が聞こえてきたが、その中の“ガラス張り化”（可視化）について、東日本大震災から15年近く経つ現在でも、日本企業はまだ十分に対応できていない部分が多いと思われる。

サプライチェーンとはなにか

サプライチェーンは、製品やサービスが最終的に消費者に届くまでの過程で関わる一連の活動やプロセスを指し、具体的には、原材料の調達、製品の製造、流通、販売、そして消費者への配送までの全ての段階が含まれる。このチェーンに関わる企業や業者が協力して、効率的かつ効果的に製品やサービスを提供する。

このため、製品の品質やコスト、納期に大きな影響を与えるため、企業にとって非常に重要なことから、自社の製品やサービスを消費者に届けるために独自のサプライチェーンを持っている。特に日本では企業、産業ごとに形成され、独自の製造環境を形成してきたと言える。

日本企業は、サプライチェーンの管理において非常に綿密で、サプライヤとの関係を重視する。特に品質管理が厳格で、長期的な信頼関係を構築することが一般的であった。

伝統的に「系列」と呼ばれる企業グループが存在し、大企業が系列のサプライヤと強固なサプライチェーンを構築し、この系列内での取引は安定的で、長期的な視点で協力が行われてきたようだ。

それに対し、世界的に見ると、特に欧米企業は効率性とコスト削減に重点を置くことが多く、サプライヤを選ぶ際には価格競争力が重要視されることが多いと言われている。

日本特有の「系列」が足かせとなっている

グローバル市場では、系列企業の概念は日本ほど強くなく、コストや品質、技術力に基づいてサプライヤを選定し、柔軟に取引関係を変えることが多く、よりフレキシブルなサプライチェーンが求められている。

　このため、グローバルに活躍するサプライヤはコストや品質、技術力を情報公開する形で、競争力を手に入れていることになる。この情報の公開する慣習、技術の存在の上、成り立つ社会システムができあがっているということでもある。

　実は、DPPでは、各サプライヤの製品情報がデジタル化されたこの社会システム基盤で運用、活用されることで成立する規格なのである。

日産カルロス・ゴーン氏の進めたサプライチェーンの見直しとは

　「価格競争力の重要視」を日産自動車カルロス・ゴーン元社長は実践した。それに向けて最初に取り組んだのは、日産のサプライチェーンとコスト構造の見直しだった記憶がある。そのサプライチェーンの見直しを記述したい。

　従来は、系列関係にあるサプライヤから安定的に部品を調達していたが、ゴーン氏はこの構造がコスト高や非効率性の原因になっていると考え、コスト削減と効率向上のために、系列関係に関わらず、より競争力のあるサプライヤを選定する方針に転換したと言われている。

　ゴーン氏は、日産のサプライチェーンをグローバル化し、世界中の競争力のあるサプライヤと取引をすることで、コストの最適化を図ろうとした。日産が従来の“系列文化”に依存していた部分に改革のメスを入れたことになる。

　彼の経営方針は、日産の企業文化を刷新し、グローバルスタンダードに基づく経営を推進することを目指しており、その方針の中にサプライチェーンの見直しがあったことになる。

日本企業では、長年にわたり系列取引が重要視されてきており、親会社と子会社、または特定のグループ企業間での継続的な取引関係はサプライヤが安定的な取引を確保できる一方、親会社も品質や信頼性の高い部品が安定供給されるというメリットがあった。

ゴーン氏の改革は、この系列取引の慣習に真っ向から挑み、系列関係に依存せず、コストや品質の観点から最適なサプライヤを選定する方針を打ち出したことになる。これにより、系列企業にとっては厳しい競争環境が生まれ、従来の安定した取引関係が崩れることになった。

グローバルビジネスへの改革に伴った痛み

ゴーン氏の改革がもたらした影響は、短期的な企業再建には寄与したものの、長期的には日産の企業文化や日本社会との摩擦を生じさせたようだ。ただし、評価はいろいろあるが、系列サプライヤとの関係性は従来とは大きく変わり、日産のサプライチェーンはより柔軟で競争力のある構造へと移行したと言われている。この改革により、多くのサプライヤが取引を失うか、価格の引き下げを余儀なくされただけでなく、サプライヤに対しても競争を促し、品質向上や作業工程などの見直しによるコスト削減をもたらしたことも事実である。

ゴーン氏の進めたサプライチェーン見直しも含めた変革推進は、未だ正確な評価がされていないが、DPP展開にはグローバルレベルでの透明性が確立されたサプライチェーンシステムの構築が必須である。バッテリーパスポートには、コストや品質、技術力の情報公開は必須であり、サプライチェーンの透明性の根本システムへの変革が急務である。

ゴーン改革で生じた課題の大きさは、日本社会の中では知られている。そのため、サプライチェーンの改革には、あの摩擦を伴った変革で取引を失う企業もあったり、従来の慣習、文化の変革も必要となることから、大きなハードルと思われているのも事実のようだ。グローバルビジネスを継続するならば、そのような変革を取り入れ、このDPP規制対応を行うことになる。

サプライチェーンの複雑化と不透明性。日本と世界の違い

●日本

・長期的で信頼に基づく取引関係が特徴
・品質管理と納期遵守が重視され、系列企業との強固な関係を維持
・地震や災害時には、サプライチェーン全体のリスクが集中しやすいという課題があった

日本のサプライチェーンの特徴として系列取引があり、企業グループ内の取引が強固で、親会社と子会社、関連会社との取引が多い。この系列取引の文化が、日本のサプライチェーンを複雑化させていることになる。

部品供給を系列企業に依存しており、サプライチェーンが多層

構造（親会社→一次サプライヤ→二次サプライヤ→三次サプライヤ→四次…）になりやすい。この多層構造がサプライチェーンの複雑化を引き起こし、どの企業が最終的なサプライヤか不透明になることがある。

このサプライチェーンの複雑な多層構造は、情報の伝達に遅れをもたらすことがあり、例えば、品質不良や供給不足が発生した際、系列内の複数の企業を経由するために、問題の発生源や影響範囲を特定するのに時間がかかることが過去にはあったと言われている。

このような不透明性は、迅速な対応を困難にし、企業全体、サプライチェーン全体のリスク管理能力を低下させる可能性がある。

●世界

- ・コスト効率とグローバルな最適化が重視される
- ・よりダイナミックで柔軟なサプライチェーンが構築されており、異なる地域での生産や供給が当たり前
- ・デジタル技術の導入が進んでおり、リアルタイムでのサプライチェーン管理が可能

世界では、グローバルサプライチェーンの分散とデジタル化が進められており、グローバル化が進展する中で、サプライチェーンの分散化は、特に、多国籍企業では、コスト削減やリスク分散のために、世界中の異なる地域から部品や素材を調達する傾向にあるようだ。この分散化はサプライチェーンを複雑にすることに

なるが、それを防ぐためにデジタル技術を活用して透明性を向上させているのだ。

また、サプライチェーンの透明性向上のための規制と標準化が国の政策や地域の政策として動いている。例えば、EUでは、サプライチェーンの透明性を向上させるための規制や標準化が進められており、特に、EUの「企業のサステナビリティに関するデューデリジェンス法案」では、企業がサプライチェーン全体で人権や環境リスクを管理し、その情報を公開することが求められている。

このような取り組みは、サプライチェーンの透明性を高めるための世界的な動きの1つの例である。

3.2　データ収集と管理の強化⇒デジタルインフラの充実が必須

デジタルインフラの整備状況を見ると、日本と欧州ではデジタルインフラの普及で大きな違いが生まれている。

前述した通り、系列企業との強固な関係が維持され、長期的で信頼に基づく取引関係が特徴の日本では、サプライチェーンの複雑な多層構造となっている。その状況から、データによる可視化が最も効果的なシステムとなるのかもしれないが、その複雑性と過去からの系列対応が共通のデジタルインフラの構築を難しくしているようだ。

今回のバッテリーパスポートの課題として「データ収集と管理の強化」が挙げられ、企業間のデータ連携やサプライチェーン全体の可視化を支援するデジタルインフラの整備の遅れが判明している。

特に、中小企業においては、デジタル化の進展が不十分であり、データ管理や共有が手作業に頼っているケースが多い。また、サプライチェーン全体でのデータの統合や共有が進んでおらず、標準化の課題が透明性の向上や複雑性の管理に、そのまま影響を及ぼしている。

このように日本企業がEUのバッテリーパスポート規制に対応する中で、サプライチェーン全体でのデータ連携の課題が顕在化したことになる。

●欧州

欧州では、サプライチェーンの透明性を高めるためのデジタルインフラ整備が進んでいる。特に、EUはサプライチェーン全体でのデータ共有を促進するための技術的基盤を整備し、製品トレーサビリティやサプライチェーンの可視化が進められている。

多くの企業が、サプライチェーン全体でのリアルタイムデータの共有を実現しており、DPP対応に必要な情報をスムーズに管理・共有できる体制が整いつつある。

欧州の公的支援については、中小企業のデジタル化を支援するために、政府やEUがクラウドベースのサプライチェーン管理システムを提供し、これにより、中小企業も大企業と同じ水準でDPPに対応できるようになり、サプライチェーン全体での透明性と効率性が向上していることになる。

日本の対応として

DPP導入に向けては、製品や部品のライフサイクル情報を正確かつ透明に管理する必要があるが、これに対し、日本ではデジタルインフラの整備が不十分であり、その対応が遅れていることから、サプライチェーンの透明性を確保し、複雑性を管理するためのデジタル技術の導入が急務となっている。

3.3 データ標準化と互換性の確保

「サプライチェーン全体の連携と透明性」を求めるためには、デジタルデータの自由な活用社会システムの存在が前提になる。その条件の１つが「データ標準化と互換性の確保」である。サプライチェーン全体で統一されたデータフォーマットが求められ、異なるシステム間でのデータ交換の互換性が重要なのである。

標準化の目的、概念の欠如

20世紀、デジタル化が初期のころ、または、デジタル化展開の経験が少ないころ、その扱いを理解していない方はデータフォーマットの標準化を考えるより、デジタルシステム環境を同じモノに統一すれば良いではないかと言われていた。さすがにこれほどいろいろなデジタルシステムが拡がった現在では、その発言はほとんど見られなくなってきた。

筆者は、未だに「デジタルシステム環境を同じモノに統一すれば良いではないか？」という質問を聞くことがある。

この考え方では、同じデジタルシステム環境内だけのビジネスとなり、ビジネスの拡張はないと同時に、デジタルシステム環境がビジネスのコントローラになってしまう。時として、ベンダーロックが生じる可能性もあり、安易な発想と言わざるを得ない。

余談であるが、携帯電話のACアダプターを振り返って考えると標準化の必要性、標準化成立までに費やす時間とエネルギーの大きさがどのようなレベルであるか想像することができる。

スマートフォン、携帯電話の充電機能は電話機能とは別に、充電器自体の種類、入力ポート形状の種類が、スマホ会社の数だけではなく、多い時は各スマホ機種の数だけ存在していたように記憶している。それが、この20年前後で、ほぼUSBタイプCへの統一化が進んでいるようだ。

当初、１円でも売られていたこともある携帯電話の市場における競争活動が大きかったのであろう。そのようなことから、充電器の標準化、入力ポート形状の標準化はマーケット占拠の１つとも考えられ、企業間の共同での協議はできなかったのであろう。その後のマーケットの動きで、ある意味、スマホ企業の寡占状況になるまで、ユーザー目線での充電器、入力ポートの標準化は進まなかったと言える。

実は３Dデータフォーマットもこの状況に近い。いまから、30年ぐらい前、CADベンダーごと、CADのバージョンの違いなどごとに、互換性がなく、このため、結果として、それぞれの３Dデータフォーマットが存在していた。

３D形状のデジタル化には、それぞれのCADベンダーごとに形状表現の理論的な手法が存在し、その手法自体がビジネスモデルの１つであることから、2000年前半から2010年前後まで、ユーザー企業とCADベンダーとの間でシリアスな議論が続いた（この議論については拙著2017年刊『バーチャル・エンジニアリング』のコラムで紹介）。

現在では３Dデータフォーマットの統一が近付きつつあり、また、３Dデータのフォーマット変換プログラムの充実もあり、３Dモデルの自由な活用の時代に入った。この３Dモデルデータも含めたデータフォーマットの標準化の経緯を述べたが、標準化自体の考え方やその状況について、もう少し、記述したい。

日本における「標準」の捉え方

『2020ものづくり白書』にも次のような記述がある。

「日本企業は、依然として『ルールは（作るものではなく）従うもの』という認識が強い。これには、ルールメイキング活動に社内リソースを割くことについて、経営層の理解を得ることの困難さや、国際規格を事業に活用する意識が不十分といった背景がある。」（経済産業省発行『2020ものづくり白書』第７章事業環境の変化　第２節DXによる競争力向上　4. 国際標準化の動向 より抜粋）

筆者も最近こんな言葉を聞いた。それは、つい先日、日本の国立大学の工学部の先生がアメリカでの仕事の経験も踏まえて、世界のビジネスを説明する勉強会に参加した時だった。その先生が何気なく「アメリカは標準化が好きでね…」と説明し、あたかも、標準化を行うことは好きか嫌いの好奇心的判断のような言い方であった。

軽い気持ちで言われたのかもしれないが、日本のトップクラスの大学の先生でも、標準化の持つ戦略性の理解が小さいのかもしれない。

世界では規格、標準化がビジネス戦略ツール

できあがった規格に従う意識が強い日本の文化とは異なり、世界では規格、標準化がビジネス戦略ツールとして捉えた活動が目立つ。その例として、各国政策の中に、標準化がテーマアップされている。

欧州産業育成のフレームワーク・プログラムを進める前の1983年前半に出されたリーゼンフーバー基準の4番目の項目には、「統一市場を完成させるために有為な研究および統一標準規格を確立するための研究」と明記した決意表明が存在する。また、**図3.3**のIndustry4.0の組織体制には「国際的標準化」のコンソーシアムが設定されている。これとは別に「参照アーキテクチャーと標準化」のワーキンググループも設定され、標準化活動が政策の大きな項目として挙げられている。

例えば、モノを連結するためのボルト・ナットには、メートルねじ、インチねじの標準化の歴史がある。この標準化の歴史は非常に長く、18世紀後半からの産業革命で、機械の製造が急速に発展し、その過程で、ねじやボルト・ナットのような機械部品の規格化が重要な課題として浮上した。このころからねじの標準化の

歴史が始まったことになり、200年を超えることになる。

第二次世界大戦後には、国際標準化機構（ISO）が設立され、国際的な工業規格の統一が進められた。その活動の１つとして、ねじ類の標準化が進められている。ボルト・ナットのねじ標準化には、技術的な課題だけでなく、産業間や国家間の利害関係、文化的な要因などが絡み合っており、完全な標準化には200年以上の時間がかかっていることになる。

このプロセスは、デジタルデータの連携においても同様の問題が生じることとなっており、標準化の歴史が各国、各産業間で重

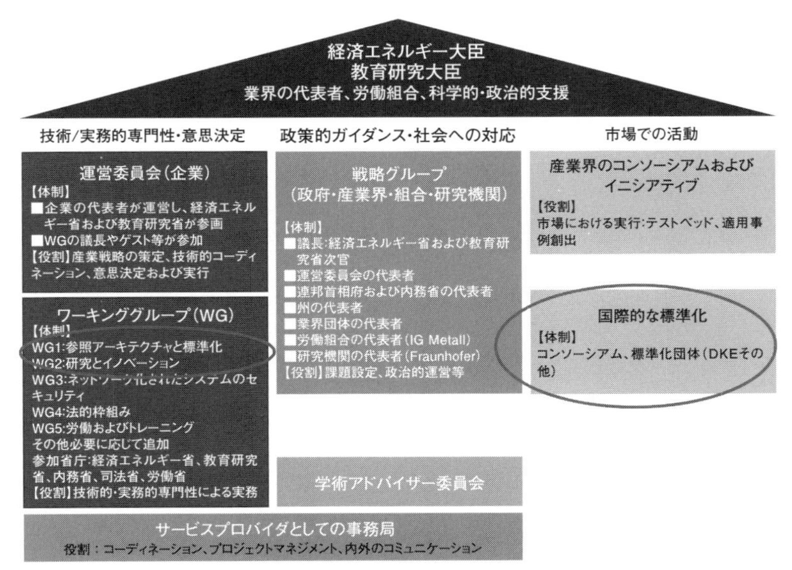

出典：経済産業省「平成27年度産業経済研究委託事業：人工知能等の技術変革を踏まえた海外企業及び各国政府の取組に関する調査研究」（出所：連邦経済エネルギー省公式ウェブサイト、Industry 4.0 プラットフォーム公式ウェブサイト等より）

図3.3　政府、産業界、労働組合や研究所が参加するIndustry 4.0プラットフォームの組織体制

ねられていることになる。この期間を短くするために、国際的な標準化活動が各国の産業育成戦略の位置付けで動いていることになるが、この活動が、日本では充実していないことが目に付く。

日本では、データ、工業製品など、あらゆる分野でより効果的な、より機能的な“循環型経済、持続可能性”の社会システムの形成に向かう概念、理解を根本から作り直す活動そのものが必要なのかもしれない。

意外なことに、3D図面の規格、標準化は日本がリーディング

２Ｄ図面には寸法情報、材料情報、ノート覧などの情報入力のルールがある。これは世界規格として存在している。

これに対し、３Ｄ図面の世界ルールは、2008年までは存在していなかった。３Ｄ設計が普及したのが1990年代半ばなので、３Ｄ図面のルール成立までに10年ほどかかったことになる。

このルール構築を推進したのが日本のJAMA（一般社団法人日本自動車工業会）、JAPIA（一般社団法人日本自動車部品工業会）、JEITA（一般社団法人電子情報技術産業協会）の３団体である。この 3 団体が中心となり、３Ｄ図面のルールを構築し、2008年、日米欧の自動車業界のエンジニアリング分野での電子情報に関する標準化活動団体Sasig（Strategic automotive product data standards industry group）より、図面標準規格として発表された。

現在、世界で市販されるほとんどの３DCADはこの規格となっており、事実上のデファクトスタンダードとなっている。ISO化も進めており、日本の中では世界を動かす標準化活動の１つであ

る。

21世紀に入るころ、３Ｄ図面標準化WGを設定、ほぼ10年の活動の後、2007年３Ｄ単独図ガイドラインを発行した。そのISO化活動は現在も続いている。また、実験/評価、生産設備、製造検査などの情報を格納する３Ｄ活用規格であるDTPD（デジタル製品技術文書）の世界標準を目指している。

３Ｄ図面標準化WGを設定以来、四半世紀に及ぶ長期戦となっているが、３Ｄ設計の始まったころから進めている活動のため、標準化活動のアウトプットとしては、異例の速さなのかもしれない。それほど、標準化活動は技術的な課題だけでなく、産業間や国家間の利害関係、文化的な要因などが絡み合っており、国際的な活動がMustと言える。

なお、このDTPDは拙著の中で記述してきた「バーチャルモデル」と、広義範囲で見るとほぼ同じ規格内容である。筆者は、DTPD活動の内容が公表される前から世界での３Ｄ関連の議論の場で取り上げられてきた「バーチャルモデル」で説明する。

3.4 バッテリーパスポート規制で判ったDPPへの日本の対応

より効果的な、より機能的な“循環型経済、持続可能性”の社会システムとするためのデジタル活用規則の設定は、デジタルデータの再活用も含めて、各部品レベルまで、その来歴と仕様情報を正確に管理、活用するために必要な法律なのである。このため、サプライチェーンの透明性と各産業、各国、各企業が複雑な情報管理のためデジタルインフラを構築し、活用できている体制が前提としてある。

以下の項目の見直し、構築、支援が必要となる。

- サプライチェーン全体の連携と透明性の強化のため、日本由来のサプライチェーンからグローバル化されたサプライチェーンへの見直しが必要
- データ収集と管理を強化するため、サプライチェーン全体の情報を共有、一元管理できるデジタルインフラの構築が必要
- データ標準化と互換性を確保するため、データの標準化に対して欠如している目的、概念を日本社会に普及、確立するための教育、キャンペーンなどの公的活動が必要
- 日本における中小企業のデジタル化が、世界の中で非常に遅れていることから、サプライチェーン全体の役割対応できるよう、国家からの技術、環境構築、資金などの支援が必要

3.5 サプライチェーンの中で管理する項目

DPP規制には、次の３つの項目の正確な管理が必要であることを第１章で説明した。

（１）設計図・設計仕様のデジタルレプリカ

（２）ロット単位の管理情報

（３）個々の部品のトレーサビリティ情報

このうち、（１）設計図・設計仕様のデジタルレプリカはサプライヤではなく、OEMが主に情報管理することから、サプライチェーン上の大きな課題は少ないと言える。

また、（2）ロット単位の管理情報は、たとえサプライチェーン上のTierNの企業とは言え、日本のいままでのモノづくり情報管理から考えると各企業が対応してきたことである。ここでの課題はサプライチェーンの不透明性から、過去には製造元不明が生じたこともあり、サプライチェーンの不透明性を撤廃できなければ、同様の課題が残る。

一番大きな課題は（3）個々の部品のトレーサビリティ情報である。サプライチェーン上の企業の工場内で生産される個々の製品（部品）のリアルモニタリング情報も含めたトレーサビリティ管理が必要となる。そのためにはサプライチェーンの透明化だけでなく、トレーサビリティ情報となるリアルモニタリングのできる工場へと変革していることが必要となる。すなわち、スマートマニュファクチャリング化が必須となる。このスマートマニュファクチャリングについては次章で説明したい。

サプライチェーンの透明性確立とデジタルインフラ稼働による情報共有への改革は表面的な対応ではなく、確固たる意思を持った推進が必要となった。

COLUMN

リーマンショック前後が3D環境の大変化の時期

設計環境の変化を振り返ると、２DCADが一般の製造企業に拡がり始めたのは1980年代半ばであった。手書きの図面がデジタル化され、図面の管理、ドローイングされた形状のコピー＆ペーストなどが自由にできるようになり、非常に効果的に作図、製図作業に取り組めるようになった。

２DCADは２D図面のデジタル化であり、それだけでも大きな効果があった。それに対して、３DCADは図面のデジタル化ではなくて形状のデジタル化になる。このため、デジタル化された形状を用いた設計機能仕様の理論的なパフォーマンス、具体的にはCAEを用いて変形、強度、剛性、固有値、機構などの設計機能仕様をデジタル表現できるようになった。

形状のデジタル化の手法は必ずしも３DCADの活用だけでなく、３Dスキャン計測機を用いて、実際の形状を３D測定し、モデル化、そのデータを用いて寸法などの情報を付加させれば、３D図面になる。これはあくまでも実物が存在している時の手法である。

基本は形状を表現する３D設計を行うことであるが、この３D設計の普及に対して、2008年前後に大きな変化があった。３D設計にとって、2008年はエポックな年と言える。

日本ではあまり注目されなかったが、2008年末までに、ダッソーシステムズのCATIA、シーメンスのNXなどの３DCADのOSがユニックスからウィンドウズに切り替わったのである。また、当時は、一般のPCは32ビットであったが、ほぼ同時期に64ビット版の活用もできるようになったのである。64ビットになることで、CAE解析での計算メモリー領域がほぼ無制限になった。これにより、一般のPCでCAE解析を用いた設計検討を行いながら、３D設計が可能になったのである。

それだけでなく、セキュリティによる制限を検討する必要はあるが、OSがウィンドウズになったことから、メールで３D図面の送付も自由になったのである。

2008年は設計システムが変わっただけでなく、図面の配信環境も変わっており、設計データ環境全体の大変化があった時期なのである。

そして、もう１つのエポックがある。それは、第３章でも説明したが、３D図面の寸法などの入力ルールを日本が指導し世界標準化されたのである。

３D設計のエポックを聞くと、リーマンショック（2008年～）の前後で３D設計環境が整備されたとか、新たなビジネス展開が始まったとかの話題が多くなる。リーマンショックの起こった2008年のこの時期から、世界の設計・製造現場において３D化は当たり前になっていったのだと思われる。

第4章　欧州が目指す姿と、その実現に不可欠な充実したデジタル環境

DPP（デジタル製品パスポート）規制の基本的な基盤には、デジタル環境の存在が必須である。そのレベルも範囲も、深く、広く、社会システムそのものがデジタル基盤となっていることが条件としてDPPの規制が存在する。

逆の見方をすると、いままで行われてきた政策、プロジェクトなどが有機的に連携活動した結果として、この社会システムそのものがデジタル基盤として存在することになる。そこで、欧州発のDPP規制の背景を踏まえ、デジタル基盤を確立してきた欧州の産業政策を振り返ってみたい。

4.1　40年を超えるFP推進、Industry4.0などの産業育成プログラムの展開によりデジタル基盤の環境が整った

<欧州>産業育成シナリオが1980年代前半にスタート

欧州連合（EU）の産業競争力を強化するため欧州議会が産業育成シナリオを作成した、欧州多国間協力による包括的な研究開発プログラムであるフレームワークプログラム（以後、FPと記述）が1984年にスタートした。FPは欧州が、日本、米国との間に拡がったテクノロジーギャップを埋め、欧州産業のイニシアティブを取ることを目的に生まれたと言われている。

この産業育成の政策シナリオの施行は現在まで、すでに40年以

上継続している。当初は欧州諸国のみであったが、産業の一層の競争力強化のため、2003年スタートのFP６から欧州以外の国も参加可能とする国際協力が始まった。ただし、FPの基本の考えは欧州地域中心の産業育成である。

<欧州>産業育成シナリオのスタート前の決意

1983年、欧州全体でFPを進めるにあたって、次のような決意書が発行された。アメリカの世界経済席捲、日本の高度成長期を眺め、それを経験した当時の欧州の並々ならぬ決意が伺わせられる。

●リーゼンフーバー基準：The Riesenhuber Criteria

1983年前半、ドイツがEU議長国の際、FPにおける汎欧州の研究開発の正当化のために出された当初４項目の基準。

（１）加盟国だけでは実施できない、あるいは実施することが困難な大規模研究

（２）国の枠を越えて共同で実施することにより明白な利益につながる研究

（３）加盟各国が分担して実施するのが適切であるが、EU全体が共同で実施することにより初めて意味のある成果が得られるような相互補完的な研究

（４）統一市場を完成させるために有意な研究および統一標準規格を確立するための研究

1987年以降、次の項目が追加された。

（１）経済社会的統合の可能性と流動性の向上（1987-）
（２）欧州の科学技術の可能性と流動性の向上に役立つ活動、および加盟国各国間、各国とEUの間、あるいは、EUとその他の国際機関の共同研究開発プログラムの調整を進めるための活動（1994）
（日欧産業協力センター資料FP_2015-02-01「EUフレームワークプログラムと研究開発・イノベーションの促進」より引用）

2012年には、次のような欧州のデジタル化施策項目が公開されている。

●欧州デジタルアジェンダ―欧州の成長をデジタルによって促進（2012）
（１）国境のないデジタル経済の促進：特に著作権
（２）公的部門の革新の迅速化：電子政府の共有
（３）超高速ネットワーク接続：競争の促進
（４）クラウドコンピューティング：欧州クラウド協力
（５）信頼性および安全性の保障：サイバー危機対策
（６）ウェブを用いた起業並びにデジタル雇用および技術：技術者不足対策
（７）技術革新の鍵となる情報通信技術の研究・開発・革新：資金提供

欧州産業育成のFPが40年以上にわたって、全分野の産業全体の育成をリーディングしてきた。それらが2005年ごろから､特に､モノづくり、設計、ICTなどの各技術分野で、新技術確立、普及展開に注力し、現在に続く。

1983年の20世紀に出された決意書（リーゼンフーバー基準）が半世紀近く、そのまま継続されているとともに、新たな項目が追加され、ぶれずに正確に展開している。この基盤が前提でDPP規制が考えられていると思われる。

4.2　すでに動き出している産業施策

欧州の各国が政策を進める中、2011年にドイツのメルケル元首相がドイツの産業育成政策としてIndustry4.0を発信した。この発信は瞬時に、世界に波紋を広げた。

この内容が2015年、より幅広い課題に対応するため、政府、産業界、労働組合や研究所が参加する裾野の広いプロジェクトへと、Industry4.0プラットフォームの組織体制を再編成した（前章図3.3）。Industry4.0の推進により労働環境が変わることもあり、労働組合が参加する組織体制となっている。

このようにIndustry4.0の展開は成長しており、その中から新たな施策、技術、システム、手法などが提案されてきた。その中でDPP規制に絡む主たる技術システム基盤について説明したい。

その1つがスマートマニュファクチャリング（Smart Manufacturing）、リアルタイムモニタリングを駆使した次世代工場システムである。

スマートマニュファクチャリングは製造プロセスにおいて最新のデジタル技術を活用して、効率性、品質、柔軟性、生産性を向上させることを目指した製造手法やコンセプトを指す。

このスマートマニュファクチャリングが本格的に始まったのは、2010年代の初頭から2015年ごろにかけてであり、2011年にドイツ政府が発表したIndustry4.0が世界にスマートマニュファクチャリングも含めた製造技術環境の改革への概念を広めるきっかけとなったようだ。このため、たかだかこの10～15年の間で製造技術環境の改革ビジネスが大きく動き出していると言える。

スマートマニュファクチャリング

スマートマニュファクチャリングは、デジタル・モデリングされた製造プロセスの中で、実際の生産現場の動作をリアルタイムプロセスシミュレーションすることで、より効果的に予測、分析し、設計した機能の最適化を可能にした。

工場内の機械や設備がネットワークに接続され、リアルタイムでデータを収集・分析することで、生産プロセスの最適化や異常検知が可能になる。これには、ビッグデータの考え方が用いられている。

例えば、製造プロセスやサプライチェーン全体から収集された大量のデータを予測分析したり、現実の製品やプロセスをデジタル上でバーチャル再現する。製造プロセスのシミュレーションを行うことで、予知保全、最適な生産スケジュールの策定、製造プロセスの自動化、品質管理の高度化を行う。これにAI（人工知能）技術を活用して、より効果的に最適化し、効率化が行われる製造改革が進んでいる。このような改革全体をスマートマニュファクチャリングと呼んでいる。

このスマートマニュファクチャリングによる変革により、柔軟で迅速な生産対応/カスタマイズ生産/リアルタイムでのプロセス変更を行い、効率的な生産が実現する。

このリアルタイムモニタリングで収集・分析されたデータがDPP規制の要求する３番目の項目である「個々の部品のトレーサビリティ情報」となる。これが、“履歴保証と知財権も含む唯一無二のデジタルデータであることの保証”を意味する。

ここでもう少し、スマートマニュファクチャリングについて説明すると、スマートマニュファクチャリングは、高度なデジタル技術を統合することにより、従来の製造プロセスを変革する大きな可能性を秘めており、

●効率性と生産性の向上
●品質管理の向上
●柔軟性とカスタマイズ性の向上
●持続可能性
●サプライチェーンの統合と透明性確保
●経済成長

が進められている。

このため、世界規模で製造業の未来を再構築するスマートマニュファクチャリング変革の可能性を強調し、推進する新たなビジネスが動き出している。

スマートマニュファクチャリングとCAEの連携

製造プロセス全体をデジタル化し、設計段階で製造上の問題を予測する設計仕様の検討と造りの課題は事前にシミュレーション結果として準備されている。これだけでなく、製造現場のリアルタイムでモニタリングするプロセスにおいて、製品設計時に行ったシミュレーション結果を製造プロセスにフィードバックすることが行われる。

例えば、リアルタイムモニタリングの結果、最大、最小の公差範囲内をキープするだけでなく､その差分値もモニタリングする。その結果と設計値との差分値で生じる機能変化に対し、その変化部分を補正する制御指示値の個別カスタマイズ補正への対応も可能となる。

これは、製品ごとに設定される設計時のシミュレーション結果と、製造プロセスにおけるモニタリング情報を活用したシミュレーション結果との整合で、個々の部品のカスタマイズが可能となる。これにより、製品の機能品質を維持するため、計測モニタリングとシミュレーションの活用により、製品品質や歩留まりの少ない生産が維持される。

このようにCAE（Computer-Aided Engineering）技術とリアルタイムモニタリングを使用して、製造プロセスと製品機能をリアルタイムで連携シミュレーションし、機能品質の向上や、材料の流動や熱処理の品質安定なども行うことになる。これらの情報が“履歴保証と知財権も含む唯一無二のデジタルデータであることの保証”である。

スマートマニュファクチャリング推進会社がCAE企業を買収

リアルな現実の装置は３D化することで形状のデジタル化が行われる。では、その装置のパフォーマンスはどのようにデジタル化するのであろうか。

CAE技術でデジタル表現が可能で、現在では当たり前のように用いられている。もともと、理論上の現象を表現する理論式をプログラム化したのがCAEプログラムである。合う合わないは現実のパフォーマンスと理論が合うか合わないかを議論していることにすぎない。だから、CAEの結果と現実の違いは、テスト解析の条件が理論上の条件になっているかどうかであり、CAE解析結果とテスト解析結果の違いの議論ではなく、双方の解析条件が正確かどうかであり、論点が違っていたのである。

だが､リアルモニタリングが正確になった現在､現実のパフォーマンスの理論的表現として、CAE活用が当たり前になった。現実のモノの形状、パフォーマンスに対し、形状とパフォーマンスのデジタル化したデジタルモデルができあがる。それをデジタルツインという言葉で拡がった。このことから、パフォーマンスのデジタル化を行うCAEはスマートマニュファクチャリング環境には必須の技術となる。

CAEは、意外なことに数十年の歴史を持つ。1960年代には市販の解析プログラムが登場している。CAEという言葉は、それから後の1980年代に定義されたようであるが、その技術として一般化されてから、60年の歳月が経ったことになる。この技術がデジタルツインの基盤技術として動いていることになる。

CAD/CAM/CAEを連携したバーチャルエンジニアリング環境の導入普及を展開するビジネスが最近盛んに動いている。CAEと連携してスマートマニュファクチャリングが本格的に始まったのは2010年代後半、特に2015年以降のようだ。

Industry4.0の普及とともに、製造業でデジタル化が進展し、CAEやリアルタイムモニタリング技術が連携して製造プロセス全体への普及が始まった。特に、リアルタイムモニタリングで表現されるデジタルツインが製品のライフサイクル管理やプロセスシミュレーションにおいて重要な役割を果たし、CAEを活用した設計から製造、運用までのリアルタイムなフィードバックループが可能になった。

これに呼応するように、工場のリアルタイムモニタリング化、デジタルオートメーション化などの推進企業とCAEベンダー、CADベンダーとの協業活動が進んでいる。最近のリアルモニタリングシステム化、デジタルオートメーション化、製造機器提供企業とCAE/CADベンダー連携の買収、協業による状況を**表4.1**に示す。

Rockwell AutomationとPTCの連携

Rockwell Automation社は、産業オートメーションおよび情報ソリューションを提供するグローバルリーダーである。製品の設計、導入、運用の全段階でサポートを提供しており、エンジニアリングサービス、メンテナンス、リモートモニタリング、トレーニングなどを通じて顧客の成功を支援し、特に、製造業のスマー

表4.1　スマートマニュファクチャリング推進企業とCAE企業の連携

連携企業	連携の仕方	目的
Rockwell Automation/PTC	米国Rockwell Automationと米国PTCが製造業におけるデジタル変革を加速するために、2018年に戦略的パートナーシップを発表。	Rockwell Automationは、産業オートメーションと情報技術におけるリーダー企業。PTCはCAD/CAM/CAE基盤を持ち、AR（拡張現実）、製品ライフサイクル管理（PLM）ソフトウェアのリーダー企業である。両社の技術を組み合わせて、リアルタイムでの生産データの収集、分析、最適化が可能と製造業のデジタル変革としてスマートマニュファクチャリングを促進する。
Keysight/ESIグループ	米国Keysightは2023年６月バーチャルプロトタイピングのソフトウェア企業である仏ESIグループを約1400億円（９億9581万ドル：2023年１ドル140円換算）で買収発表、同年11月完了した。	シミュレーション技術をテストと計測技術に統合することで、全てのフェーズでデータを活用し、製品設計から製造までのプロセスを最適化、製品の性能や信頼性を高める。製品の設計から製造までの最適化を図るスマートマニュファクチャリング/デジタルツインの分野でリーダーシップを発揮するための戦略的なステップとして買収。
Hexagon/MSC Software	2017年、スウェーデンHexagonが米国MSC Softwareを950億円（８億3400万ドル：2017年１ドル114円換算）で買収。	Hexagonの計測技術とMSCのシミュレーション技術を統合し、デジタルツインやスマートマニュファクチャリングを強化することを目的とした。

トマニュファクチャリングの推進に注力している。

製造業のデジタルトランスフォーメーション（DX）を加速させるため、2018年、Rockwell AutomationはPTC社との戦略的パートナーシップを発表し、製造業の未来を形づくる役割を果たすことを目指している。

PTCはPro-E（現在は製品名Creo）で有名なCAD/CAM/CAEの大手ベンダーである。この両社の技術を組み合わせて、リアルタイムでの生産データの収集、分析、最適化を可能にし、製造業のデジタル変革としてスマートマニュファクチャリングを促進するため、戦略的パートナーシップとして活動している。

KeysightによるESIグループの買収

Keysight Technologies社は、長年にわたる計測技術の経験とESIグループのCAE技術の統合、新たな通信技術を駆使して、リアルタイムのプロセスモニタリング、サプライチェーンのデジタル化、持続可能な製造プロセスの確立など、製造業全体のデジタル変革をリードする企業として推進している。

Keysight Technologiesは、もともとHewlett-Packard（HP）社の計測器事業部がスピンオフして設立された企業であり、さまざまな老舗計測機器企業を傘下に収めている。その技術的なバックグラウンドと高度な計測ソリューションは、Keysight Technologiesがスマートマニュファクチャリング分野でのビジネス展開を進める上で強力な基盤となっている。

これにESIグループを買収することで、デジタルツイン技術とCAEを組み合わせ、バーチャルな生産シミュレーションを行い、最適な製造プロセスや工程配置を検証する実際の工場運営を行うことを目指している。

サプライチェーンのリアルタイム可視化としてKeysight Technologiesは、テスト機器だけでなく、ネットワークやクラウド技術にも強みを持っており、これを活用して、サプライチェーン全体をデジタル化し、透明性を向上させることができる。製造ラインだけでなく、部品供給元や物流など、サプライチェーン全体のデータをリアルタイムで把握し、異常時には即座に対応できるシステムの構築と提供を目指す。

これにESIグループのCAE技術の統合、新たな通信技術を駆使して、リアルタイムのプロセスモニタリング、サプライチェーンのデジタル化、持続可能な製造プロセスの確立など、製造ラインでの製品や工程をリアルタイムに監視し、即座に異常や不具合を検出し、修正を加えることが可能になる。このように製造業全体のデジタル変革の加速をリードする企業として推進するため、巨額な買収を行ったことになる。

HexagonによるMSC Softwareの買収

2017年、デジタルソリューションを専門とするスウェーデンのテクノロジー企業であるHexagon社は、CAEおよびシミュレーションソフトウェアのリーダーであるMSC Software社を買収した。MSC SoftwareのMSC Nastranは、NASAで技術開発したNastranの機能をそのまま継続発展させ、CAEの代名詞となっている。CAE企業として非常に有名な会社である。この買収の主な目的は、MSCの高度なシミュレーション技術をHexagonのデジタルソリューションエコシステムに統合することにより、工業製造部門におけるHexagonの商品力、サービス力を強化することであった。

HexagonはMSC買収後、シミュレーション機能をManufacturing Intelligence部門に統合した。物理世界とデジタル世界の間のギャップを埋める統合デジタルソリューションを推進し、CAEとシミュレーションをデジタルツインテクノロジーとスマートマニュファクチャリングの中心に据えている。MSCのシミュレーションソフトウェアを統合することにより、設計とシミュレーションからプロセス監視と制御まで、全てを含む包括的なエンドツーエンドのソリューションを提供し、製造業向けのデジタルソリューションとデジタルツイン機能強化を目指した。

製造プロセス全体でリアルタイムのデータ統合を可能にすることに重点を置いている。製造側のメーカーは、シミュレーションとモデリング機能の強化を通じて、製品のパフォーマンス予測と最適化、品質の向上、コスト削減を行うことができている。

MSC買収後のHexagonの事業注力

MSCの買収後、Hexagonは、スマートマニュファクチャリングソリューションの包括的なプロバイダーになる方向にシフトした。既存の測定技術の専門知識とMSCのシミュレーションソフトウェアを融合し、製品のライフサイクル全体に対応するまとまりのあるデジタルツイン戦略を作成したことになる。

この動きは、物理的な生産世界とバーチャルな生産世界の両方を組み合わせた、統合されたデジタル製造エコシステムに対するスマートマニュファクチャリングとIndustry4.0に焦点を当てた需要の高まりとよく一致している。

このように、DPP規制の要求する３番目の項目である「個々の部品のトレーサビリティ情報」はリアルタイムモニタリングで収集・分析されたデータである。これらを日常工場運営の中で活用するリアルタイムモニタリングを駆使した次世代工場システムであるスマートマニュファクチャリング化のビジネスが大きく動いていることになる。

4.3 EU政策として動いている主なプロジェクト

2011年のIndustry4.0発表後、英国のカタパルト、米国MIIなど、各国が進めていた政策を次々と発表した。Industry4.0の狙いの中に「企業を越えた生産最適化」がある。

従来の製造では、図面情報だけでは不充分であり、各工場・現場で、部品ごとの治具の準備などの補足対応が必要であった。

そこで工場や機械などの活用を、企業を越えたネットワーク化することが行われた。このネットワーク化を業界全体、バリューチェーン全体に拡大することがIndustry4.0としての対応として動き出した。

これらは、サプライチェーンの透明性、業界全体、バリューチェーン全体で考える全体最適による品質保証などの新しいモノづくりの姿と言える。デジタルエコシステムの促進を通じてヨーロッパのデジタル競争力を強化することなどから、欧州全体で推進されている。

2016年、欧州で一般データ保護規則（GDPR：General Data Protection Regulation）が制定され、欧州経済領域（EEA）への個人データ移転が原則禁止となり、データ主権（データソブリン）の扱いが明確になった。

このような背景から、データ主権のデータドリブン・マニュファクチャリングの環境の提供のための7原則と7技術要件が出されている。

● 7原則

（１）欧州のデータ保護
（２）開放性と透明性
（３）認証とトラスト
（４）デジタル主権
（５）自由な市場アクセスと欧州の価値創造
（６）相互運用性
（７）使いやすさ

● 7技術要件

（１）データ主権
（２）OSS（オープンソースソフトウェア）
（３）マルチエッジ/クラウドと分散データ処理
（４）技術標準、ネットワーク、データの相互接続での相互運用性
（５）GAIA-Xエコシステム参加者の認証と契約
（６）認証などのサービスの提供
（７）自己記述による透明性促進と新ビジネスアプリケーションモデルの創出

このような背景の中、2019年10月に開催されたドイツ経済エネルギデジタルサミットにて、欧州のためのデータインフラ構想で

ある「GAIA-X」が発表された。

データがどこで管理されるのか、データ利用権を如何に管理するかを補完的に実現することで、エンドツーエンドのデータバリューチェーンを実現することを目指す。

このため、デジタル経済におけるデータ共有とクラウドサービスの統合を推進し、データ主権（データソブリン）、データセキュリティの向上、データの透明性、相互運用性強化を目的に2019年ドイツ・フランス両政府により立ち上げた団体である。

この団体が2020年GAIA-X財団（民間団体、ただしドイツ・フランスなど各国で予算措置）として動き出す。設立時はドイツ・フランス22団体であったが現在は、欧州だけでなく米国や中国のIT大手企業（IBM、Google、AWS、Microsoft、Alibaba、Huaweiなど）、日本企業も参加しており、300超の企業・団体が参加している。

当初の目標は「デジタルエコシステムの促進を通じてヨーロッパのデジタル競争力を強化すること」であったが、参加団体の地域を見るとグローバルでの動きに変わってきた。

GAIA-Xが提供するデータドリブン・マニュファクチャリング環境

この「GAIA-X」について、説明したい。デジタル経済におけるデータ共有とクラウドサービスの統合を推進するため、データ主権（データソブリン）、データセキュリティの向上、データの透明性、相互運用性の強化を目的としたプロジェクトである。一言で「データドリブン・マニュファクチャリング環境の提供」と言える。

　このデータドリブンの基盤を中心に、Catena-X、Manufacturing-X、○○-Xと呼ばれる各産業のデジタル化のプロジェクトが立ち上がっている。

Catena-XはGAIA-Xを基盤として利用

　Catena-Xは、自動車産業を中心としたデータドリブン・マニュファクチャリングの具体的技術施策の構築と普及である。GAIA-Xのデータドリブンの基盤上で、自動車産業を中心とした製造業のデジタル化を促進するプロジェクトである。

　プロジェクトは2020年にスタートし、自動車産業を中心とした製造業におけるDXを推進し、製造業のデジタルプラットフォームを提供してデータ共有、プロセスの最適化、サプライチェーンの改善、製品のデジタルツインの実現を支援することを目的としている。

　このプロジェクトは、製造業のデジタルプラットフォームを開発し、製造業のDXを促進するために設立されたコンソーシアムのCatena-X Communityが運営している。国の政策などから離れ、民間団体推進の形になっている。

Manufacturing-Xは製造業全般に向けている

　製造業全般におけるデジタル技術とイノベーションの促進を目

指し、製造業のDXを支援する。Catena-Xが自動車産業を中心にしているのに対し、Manufacturing-Xは、製造業全体のデータドリブン・マニュファクチャリングの具体的技術施策の構築と普及を目指しているようだ。このため、スタートはCatena-Xよりも早く始まってようである。

これらのプロジェクトはそれぞれ異なる運営団体によって管理されているが、ヨーロッパのデジタル経済と製造業に関連する共通の目標を追求しており、サプライチェーン、エンジニアリングチェーン上でのデジタル化、データ共有、データセキュリティ、データの透明性、相互運用性などに焦点を当てていることになる。

このようにヨーロッパ全体で組織、プロジェクトなどを連携しながら、DXを促進することを目指しているのが判る。

GAIA-X基盤と各プロジェクト-Xの関係を**図4.1**に示す。

GAIA-Xがデータドリブン・マニュファクチャリング環境の基盤として提供され、その基盤上で各プロジェクトが機能する。自動車産業の具体的技術施策の構築と普及を目的としたCatena-Xはその技術も含めて、製造業全般におけるデジタル技術とイノベーションの促進を目指しているManufacturing-Xの先行としての位置付けと言える。このため、Catena-XはManufacturing-Xの展開に包含される形と思われる。

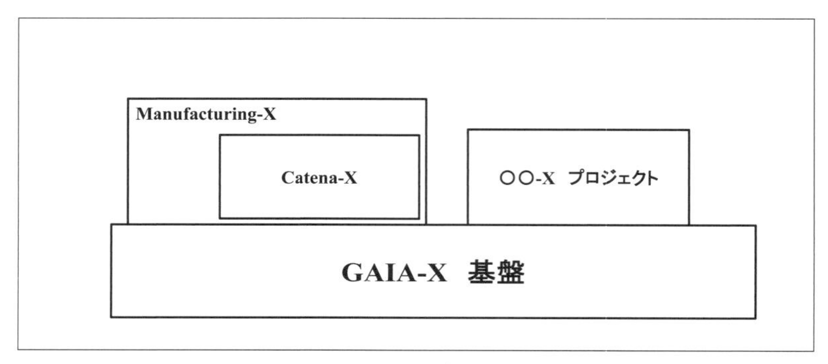

図4.1　GAIA-X基盤と各プロジェクト-Xの関係

4.4 DPP規制に必須のデジタル基盤環境は四半世紀以上前からの施策で整備済み

DPP規制に対して、今後、日本が対応しなければならない項目を第2章で次のようにリストアップした。

（１）サプライチェーン全体の連携と透明性の強化
（２）デジタル環境の遅れに対する対応
（３）データ標準化と互換性の確保
（４）中小企業のデジタル化支援
（５）公的支援の拡充

これらの項目の対応が、少なくとも、10年以上前の2011年のIndustry4.0発表以来、進められていただけではなく、それ以前の1983年のリーゼンフーバー基準、1984年のFPのスタートのころから、産業育成シナリオとして、検討、実現化が進められていた。

その施策は、国の政策から始まったものの、現在では、民間レベルの推進に移っている。また、その施策内容は欧州だけでなく、グローバルレベルで展開されている。

DPP規制に必須のデジタル基盤環境は、この四半世紀以上前から進めている産業育成施策でほぼ整備済みと言える。この状況であることから、2025年末までと、DPP規制のESPR法の成立は迫っているのかもしれない。

第5章　デジタル環境の進化が変革をもたらした

DPP（デジタル製品パスポート）は製品のデジタルデータの来歴、デジタルデータの品質保証に関する規制である。

DPP規制については第2章で記述したが、“循環型経済、持続可能性”を実現するため、次のアクションプランを提案している。

（1）資源の効率的な利用

（2）廃棄物の削減とリサイクル

（3）再生可能エネルギーの促進

（4）サプライチェーンの持続可能性

主旨を知ると、その必要性を理解できるとともに、世の中がリアルなモノから、デジタルデータがモノづくり、マーケットの中心商品となる変革の時代に我々が属していることが判る。

この章では、社会がデジタルビジネスに移行した時の品質保証、マーケット展開を説明したい。同時に、その新たなビジネス世界へ変革している各国の状況を説明のうえ、DPP規制がなぜ生まれたのかという理由について述べたい。

5.1　設計図が製品そのものというビジネス

スマイルカーブでは生産の価値は最低

製造業の価値を表現するスマイルカーブを用いた説明が経済産

業省をはじめとして、メディア、講演会などで見られるようになった（**図5.1**）。このスマイルカーブというのは、モノづくり時に行われる各工程の商品企画・研究開発、製品設計、生産、流通・販売、アフターサービス、ブランドを横軸に並べ、縦軸に価値を表現すると左端の商品企画・研究開発と右端のブランドの価値が高く、真ん中に位置する生産の価値が１番低く表現されている。

日本のモノづくりに対しての誇りから見ると、許し難いカーブのようだ。

このスマイルカーブはここ10年、公的資料に掲載されているのを見ることが多い。また、世界のビジネスの動きを眺めると、この状況を肯定した考えを持って臨みたい。

何を意味しているかと言えば、ビジネスは儲かるところに人と金と技術が集まる。この20 ～ 30年のモノづくりビジネスを見る

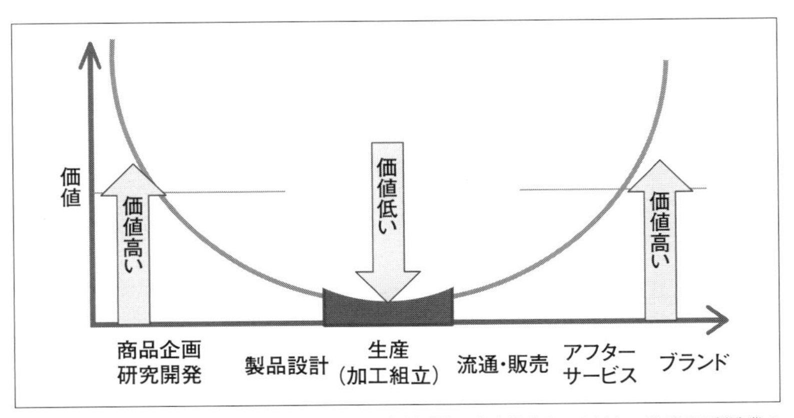

出典：経済産業省2016年機械学会講演会　講演資料「第四次産業革命への対応～我が国の製造業の方向性～」

図5.1　製造業　スマイルカーブ

と前半の商品企画・研究開発工程と後半のブランド工程でのビジネスが拡がっている。

価値は設計段階で決まる

シーズ、ニーズを考慮した商品の機能、デザインは設計段階で決まる。また、生産向上性も含めた設計仕様も設計段階で決まる。
このため、設計段階の価値が高いことから、モノづくりの生産性、製造技術の向上と同様に、1980年代ごろからより設計段階の技術向上の技術開発が進められてきた。その内容は2011年に発表されたドイツの政策Industry4.0で全貌が明らかにされたが、大なり小なり、世界中がその展開の動きを進めていたことも判っている。基本は設計仕様のデジタル化、バーチャル化であり、形状のデジタル化である。

価値の高いところでビジネス

価値の低いと言われる生産段階を通さず、価値の高い設計段階とブランド段階でのビジネスが始まっている。工場をパスする「工場パッシング・ビジネス」というような状況である。これはスマートフォンのiPhoneなどのように自社工場を持たず、製造を外部の契約製造業者に委託するファブレスのビジネスモデルが、一般製造業でのビジネスモデルとして成立することになる。これにより、従来の製造企業は設計とマーケティングに集中することが可能となる。すなわち、価値の高い工程でのビジネスモデルが成立する

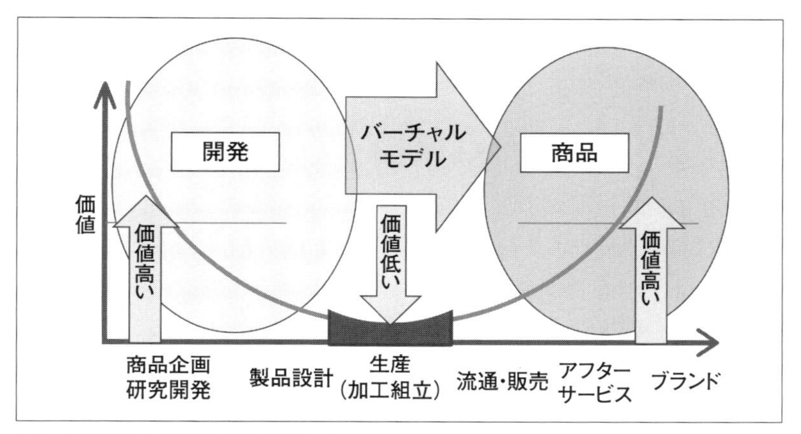

出典：経済産業省の資料をもとに筆者作成

図5.2　高価値領域でビジネス

ことになる（**図5.2**）。

当然、製品の品質管理、供給チェーンなどの管理は設計側企業が責任を持って進めることになる。実際にモノを生産しない企業が製品の品質管理、供給チェーンなどの管理を正確に行う必要があり、これらの対応の中に現在はやりの言葉、バズワードとなっているデジタルトランスフォーメーション（DX）の成長と発展が絡んでくる。

製品の設計情報であるバーチャルモデルの機能品質とそのデジタルデータ自体の品質保証と、また品質管理、供給チェーンなどの管理を正確に行うための来歴情報が重要となる。これらの情報を管理規制させるのがDPP規制の基本である。

5.2 製造業では“設計段階”が大きなウェイトを占める

「原価構造の80％は開発設計段階で構築される。また、その原価の80％は生産段階で発生する」―。このようによく言われる。製品の基本機能とそれを形成する形状、材料、製造技術検討、製造品質などの原価構造の基本も設計の中に含まれることから、80％が決まる理由も判る。

そして、ほとんどが、実際の現物を前に、形状、製造への判断などを行うことから、モノが存在する生産段階で原価が決まることになる。そのため、原価構造の80％は開発設計段階で構築されるが、その結果が現れるのは後工程になってしまうことになると解釈できる。

このため、設計段階での検討不足からくる課題や間違った決定の結果は、距離と時間の離れた生産段階に移るまでは不明のまま推移する。発生した課題は、設計仕様の変更となり、もう一度、設計検討と仕様見直しが行われるが、製造段階で製作した部品、製造装置の変更は課題が消えるまで繰り返すことになる。

新しい機能の製品の場合は上市する予定であった日程変更も加わり、原価80％の発生だけでなく、他の製品計画にも影響を及ぼすことになる。従来、言われている「フロント・ローディングによる作業負荷の軽減」はこのことを意味していることになる。

この課題の解決は生産現場のレベルの高い日本では、“スリアワセ”という言葉で聞こえてくるように生産現場の対応による解決が大きな競争力を持っていた。

世界の製造業はモノを用いたスリアワセを行っていた「フロント・ローディングによる作業負荷の軽減」の対応に、デジタル化の流れを持ち込んだ（**図5.3**）。これがDX化である。

日本の強みであった、距離と時間をかけた設計と造り現場の協力設計体制

スリアワセという言葉を聞いたことがあるだろうか。日本のモノづくりが優秀なのはこのスリアワセのおかげであるということを、何度か聞いたことがあるのではないだろうか。

事実、このスリアワセのおかげで、日本のモノづくりの優秀さが示されていた。

スリアワセの基本は現物を用いた仕様検討である。設計と解析と量産現場の技術者の協業活動であるが、製造現場の技術者の経

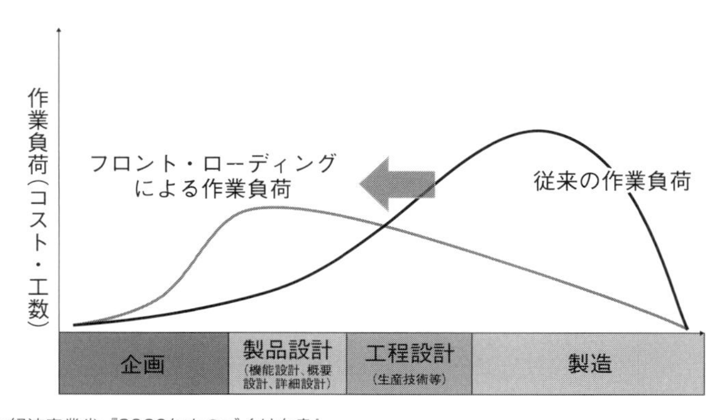

出典：経済産業省『2020年ものづくり白書』

図5.3　フロントローディングによる作業負荷の軽減

験からくる量産仕様の再検討が行われた。設計と量産現場間でのコミュニケーションが重要であり、また、製品の上市時期も考えると、効率的にこの量産検討時間の短縮が必要となる。

ある意味、設計側もこのスリアワセ対応があることで、設計仕様の量産検討の精度UPを現場技術者に任せていたことも考えられる。現場技術者の持っている経験を用いた仕様決定の方法であった。

このスリアワセは、各現場の技術者の技術レベルと思考レベルが共通化されないと、トータルバランスの整った製品として仕上がらないことになる。このため、世界がこの方法を導入しようとしても、各現場に優秀な技術者が存在しない場合、技術レベルを合わせるのがなかなか難しい。

現場の技術者が最終の量産設計仕様決定を主導するこの仕組みも含めて、世界が日本の開発体制を研究したことは事実である。特に欧州では、製造現場やテスト解析現場に優秀な技術者が少なく、日本のスリアワセを垂涎の的として見ていたと思われる。

いろいろな分野の技術者の知恵が入り、日本独特の“スリアワセたモノづくり”が日常茶飯事に行われていたことになる。距離と時間が離れていても機能する設計と造り現場の協力による設計体制は、あえて言うならば、たとえ原価の80%が生産段階で発生することも考慮した設計手法であり、それでも採算的に競争力を持っていたことになる。

設計段階で全ての検討を行うためには

原価の80％が生産段階で発生する中、量産設計の最終仕様は量産間際に決定されるのであった。この体制への抜本的な変革を考えるとすると、設計仕様と量産の全ての製造要件を原価構造の80％が構築されると言われる開発設計段階で決定できれば、新たな効果的、効率的、機能的な開発体制が構築される。

現場では設計された部品のリアルなモノ（試作物など）を用い、形状、強度や剛性、固有値など、モジュールに組み込んだ製品化した時の機構などの機能パフォーマンスを確認する。また、量産した時の製造上の対応からくる形状変更や、量産バラツキを考慮した時の総合的機能パフォーマンスを整合し、最終設計量産仕様を決定する。

基本はリアルなモノを中心にすることで、高い形状品質、機能品質を保持してきた。このため、グローバル競争力を持つ、製造、設計に関するこの日本のやり方を変更することは、新たなやり方に対してよほどの正確な結果があることで、将来投資の判断を明確にできる。しかし、現状の競争力が危機に晒されているような状況でなければ、あえて変革の道を選ぶことは難しいのだろう。

そこで、リアルなモノ（試作物など）の持っている情報はなにかと考えると、リアルな形状と機能パフォーマンスを持っているということだ。これを現場のエンジニアはスリアワセで仕様熟成を行っていたのである。

では、このリアルな形状と機能パフォーマンスの情報を正確に手に入れ、活用できれば、リアルのモノではなくとも、同じ対応を行うことができる。これが、モノづくりDX化の始まりなのである。

製造業では、2D図面を中心としたモノづくりシステムが長い間存在していた。形状表現が不完全な2D図面を用い、「図面のようなモノづくり」を行ってきた歴史である。2D図面をデジタル化したデジタル図面も1980年代より拡がったが、これは図面のデジタル化であり、形状のデジタル化ではなかった。

形状をデジタル表現できる3D図面になり、「図面通りのモノづくり」が可能となった。この3D図面をリアルなモノの代わりとして設計仕様と量産要件の検討に活用することで、設計と造り現場の距離と時間を埋めることができると考えるのは、当然の結果と思われる。

1980年代から動き出した製造業DX化

1950年代後半から1970年代前半まで続いた日本の高度成長期は世界を驚かせたと同時に、テクノロジーギャップを世界に感じさせたようだ。その1つが、前述した「スリアワセ」だったのかもしれない。

特に、欧州は日本、米国との間に拡がったテクノロジーギャップを埋め、欧州産業のイニシアティブを再度取ることを目的に、欧州多国間協力による包括的な産業育成の研究開発プログラムであるフレームワークプログラム（以下、FP）を1984年にスタートさせたのは、このような背景があったと言える。

5.3 設計段階で、製造品質も含めた全ての仕様が決まる

２Ｄ図をデジタル化した２DCADシステムがある。1980年代半ばから、普及が始まった。現在でも２Ｄ紙図のデジタル化として、大学の製図教育、設計の環境基盤として活用している企業も多い。

紙の２Ｄ図もデジタル２Ｄ図も、２次元断面は表現できるが、形状表現は不完全である。このため、デジタル２Ｄ図は図面のデジタル化であり、形状のデジタル化はできない。２Ｄ図面のデジタル化は図面の管理、再利用などで多大な効果を示めし、それなりの効率向上に貢献しているが、設計自体のイノベーションにはつながらない。

３DCADによる設計や３Ｄスキャン計測による形状の３Ｄ化で、初めて形状のデジタル化が可能となる。これにより、デジタル化された形状はCAEプログラムを用い、機能パフォーマンスをデジタル表現することができる。

現在まで解明されている自然現象の理論的表現であるCAEは、その形状が持つパフォーマンスを表現し、設計仕様の機能をデジタル表現できるようにした。

デジタル化表現技術の進化が新たな設計図であるバーチャルモデルをもたらした

1960年以降、原理原則の理論的解析がテスト解析の代用としての考え方から普及したが、理論的な扱いが強く、現象の精度追求

などを中心とした技術進化が求められてきた。そのCAEは21世紀初頭、CADとの連携が始まることで、設計段階で機能検討だけでなく、設計仕様の機能パフォーマンスを表現することになった。このため、CADとCAEの連携した３D設計図は、形状情報と設計仕様のパフォーマンスのデジタル表現された図面となった。

もともと設計図は製造仕様書であったが､現実（＝バーチャル）のパフォーマンスを表現するデジタルモデルとして変貌した。このため､この設計仕様パフォーマンスの活用が拡がることになる。

表5.1を見て頂きたい。１番目として形状のデジタル化、２番目として設計機能仕様のデジタル化、３番目が制御仕様のデジタル化をまとめたものである。

設計機能仕様のデジタル化バーチャルモデルは製品の持つ、形状、機能パフォーマンス、機構制御指示などを正確にデジタル表現した設計図であり、あらゆる産業で活用可能なバーチャルモデルという扱いになった。

設計図とは新たな製品の製造仕様書であったが、製品を製造する製造機器もその機器の持っている機能、形状、制御指示などの

表5.1　設計の機能仕様のデジタル表現

No	項目	デジタル化表現	内容
1	形状の デジタル化	３Ｄ化	・部品の３Ｄ設計 ・３Ｄ計測によるデジタル化
2	設計機能仕様の デジタル化	原理・原則の 理論的表現	・シミュレーション（CAE）による機能パフォーマンスのデジタル化
3	制御仕様の デジタル化	制御アルゴリズム 設計	・モジュール制御指示情報のデジタル化

パフォーマンスもデジタル表現できることになるのだ。

となると、製造機器のバーチャルモデルを用い、製品製造もバーチャル表現できることになる。これらの動きをデジタルツインと呼び、拡がっている。

設計段階で造りを含めた機能仕様の全てが決まる。ということは造り品質も決まる

設計仕様の機能パフォーマンスのデジタル表現ができ、製造機器の機能パフォーマンスのデジタル表現もできることから、ほぼ実際の条件でバーチャル製造を行うことが可能となる。

例えば、造り寸法公差の上限下限の形状での機能パフォーマンスが判り、製造機器のクセもパフォーマンスとしてデジタル表現されていることから、製造時に発生する量産バラツキも、バーチャル製品モデル、バーチャル製造機器モデルの組み合わせで判る。設計段階で検討、決定を可能とする。設計段階で設計仕様が決まるだけでなく、製造上の品質も決まることになる。

設計段階で形状、機能パフォーマンス、制御指示アルゴリズム、製造品質の製品の状況を示す全ての仕様がデジタル表現され、市場に出る製品パフォーマンスを決定することができる。従来の２D図を用いた試作品には、実際の製造時のバラツキによる形状、強度、剛性、機構ガタ成分の検討が含まれず、出来成り（成り行きのリアルなモノ）となる。

このように設計、製造、サプライヤ違いの影響などをも、全ての現象を表現できる製品モデルがバーチャルモデルであり、それ

を駆使するエンジニアリングがバーチャルエンジニアリングである。

全ての現象を表現できる製品モデルは、リアルモニタリングシステムの工場製造では、製品ごとの細かい仕様違いも存在する唯一無二のデジタルデータであることになる。このような部品、製品のデジタルデータの来歴、品質保証に関する規制がDPP規制なのである。

5.4 データドリブン型ビジネスとなった製造業

量産工場はコピーマスターを用いた壮大なコピーシステム

量産工場は同じ形状、同じ機能の製品を正確に大量に製造するのが、その役割と言える。言い換えると、正確に同じ製品をコピー生産していることになる。

正確にコピーするためにはそのコピーするためのマスターの形状が必要となり、従来は実際に形状合わせのできるリアルなモノを用いた。コピーする部品そのものを用い、それの形状コピーであった。また、一部の形状、寸法を合わせる治具やガバリという検査道具を用いて、形状品質の高い製品造りを行ってきた。

当然、図面を用い「図面通りのモノづくり」を推進したが、２D図面の場合は断面以外の形状を正確に表現できないことから、断面形状以外は「図面のような」形状となった。このため、２D図面はある意味、補助情報として使われたと考えた方が無難だ。

基本は、リアルなコピーマスターの形状通りに製造することが量産モノづくりということになる。

そして、これらの品質を管理するため、ISO、JISなどの公的な品質管理基準が存在し、品質の高いマネジメントをするための手法が拡がった。

例えば、ISO 9001は、品質管理だけでなく、品質マネジメントシステムの改善を通じて、製品の品質向上、顧客満足度の向上、プロセスの効率化、リスク管理の強化などにまで対応した認証制度となっている。

また、ISO 14001は、工場自体の環境マネジメントシステムの改善を通じて、環境パフォーマンスの向上、法規制の遵守、資源の効率的な使用、社会的信頼の向上の認証となり、工場の社会的な環境ガバナンスの推進までも対応とする。

このように工場自体が壮大なコピーシステムとして運用されるための保証ができあがっていた。

コピーマスターがデジタルになった

２D図面は詳細形状を正確に表現できないことから、量産モノづくりにとってはコピー製造のための補助情報であった。不足する形状情報を補填する意味で、実物のコピーマスターが存在することになる。

これが３D図面となると、全ての形状を正確にデジタル表現可能となった。このため、コピーマスターとして、３D図面そのものを用いたデジタルでの量産モノづくりが可能となった。このこと自体が、モノづくり改革そのものと言える。このデジタル化したコピーマスターの品質保証がDPP規制なのである。

5.5 設計の３Dデジタル化は工場のファブレス化を実現

設計仕様、量産要件、製品パフォーマンスの全ての情報をデジタル化

表5.1で示したように、形状のデジタル化、設計機能仕様パフォーマンスのデジタル化、制御設計の指示アルゴリズムのデジタル化された情報を持つのが、新たな設計図であるバーチャルモデルとなる。

この時点では、あくまでも従来の設計段階で決まる設計仕様である。実際に量産されている製品は工場で製造され、製造機器のクセも含まれた量産バラツキを持っている。このままでは、製造バラツキも生産品質も、造り現場と設計との連携がないままなのである。

この連携のために、製造機器のバーチャルモデルが活動するモノづくりシステムがすでに動き出している。要は、製品設計のバーチャルモデルと現実工場にある製造機器のバーチャルモデルを用い、量産バラツキ、量産品質を保証することになる（**図5.4**）。

製品も製造システムもバーチャルモデル化することで、設計者と製造現場のエンジニアの双方で設計仕様検討、それを満たすための製造上の品質保証検討が可能となる。従来、スリアワセという言葉で言われていた造り現場と設計者の仕様熟成が、デジタル

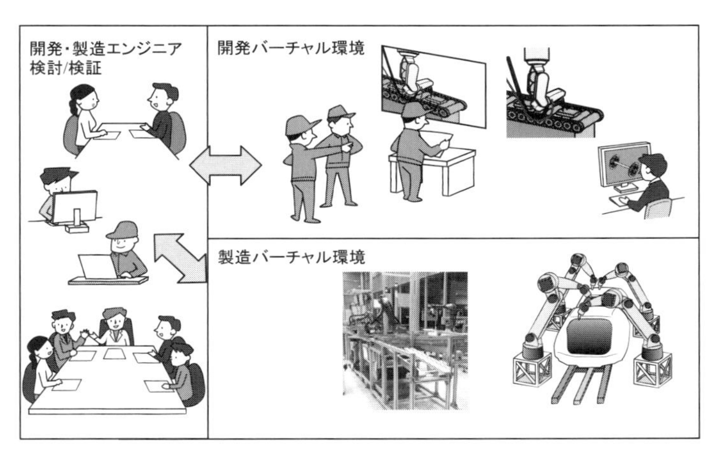

図5.4　設計、製造の双方の検討を同時に行うことができる設計、製造バーチャルモデル

データで行えるようになった。

従来は設計仕様と量産要件のスリアワセがあった

量産モノづくりは量産製品のマーケット展開もあることから、企画/ブランドづくりがあり、その製品をどのような機能にするかという構想設計、そして、実際の製品化のための詳細設計が行われる。

次に、各部品レベルでの製造検討がある。最終的に各部品を合わせ、組み立てた形の製品となることから、各部品の機能別、材料別、大きさ別などでの供給と日程など、製品化検討準備が行われる。それらを含めて、製造現場の「量産可能」の判断条件である要件と設計仕様のスリアワセを行いながら、生産可能な製品形状の量産設計最終図を作成する。このように設計仕様と量産要件をスリアワセながら、量産モノづくりの確立を行ってきた。

この設計仕様と量産要件のスリアワセの内容レベルが高品質な日本の対応が高く評価され、日本ブランドが確立されてきたと言われている。

図5.5を見て欲しい。従来、設計段階では実際の試作物などがないことから机上データ中心のバーチャルワールドである。これが実際のモノを触って、検討し、量産へとつながるモノを基本としたリアルワールドとの間は「斜めの線」で表現するようにスリアワセをしながら、ある意味ゆっくりと量産化へのリアルワールドへ移行する。その期間は構想設計が終了したころから量産開始するまでの間、設計と製造部門の技術者が量産品の仕様熟成のため、時間を掛けて行っていた。

この移行期間を短く効率的に行うため、CAE技術を導入、検証の近代化を進めてきた。このCAEなどの新しい技術を従来のスリアワセの中で活用する方法を、主に日本は進めていたことになる。

「リアルな動きをシミュレーションで再現」するという実験の代わりに、リアルなモノ（試作物など）を少なくするためにシミュレーションを用いるのが日本の対応イメージである。これは「斜めの線」の期間が短くはなるものの、「斜めの線」が「垂直線」にすることは考えていなかったと言える。

図5.5の「斜めの線」の間隔をCAE技術や、工程時間の設定などを用い、短く改善することに力を注いでいたと言える。例えば、きめ細かい工程時間の設定など、大学などのものづくり講座によ

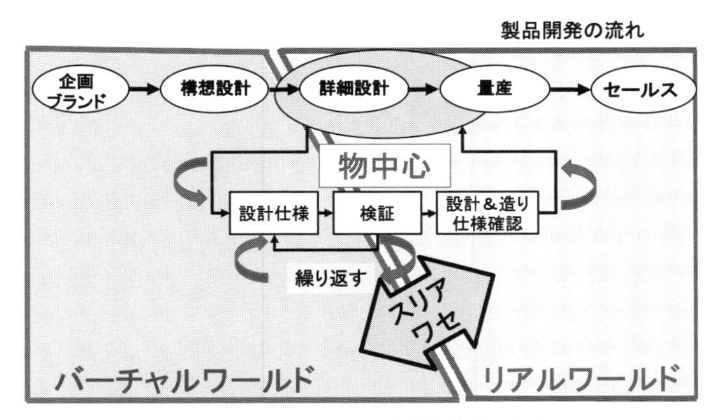

図5.5　リアルな動きをスリアワセ、試作物削減のためシミュレーションを活用

るスリアワセの指導がそれを意味していたのではないかと思っている。

世界では、デジタル化、バーチャル化されたエンジニアリングの技術はこの「斜めの線」を「垂直線」へ改革することが目的として動いてきたと言える。このため、「斜めの線」が「垂直線」になった時、設計者を含めて、現場の技術者とモノを介したスリワセは不要になった。すなわち、モノが不要な形で、設計、モノづくりの仕様熟成がバーチャルモデルを用い、行われる。

だからだろう。リアルなモノを用いたスリアワセの存在しないバーチャルエンジニアリングによる開発・モノづくりの動きを聞くと、「あり得ない。不可能である」というコメントを日本での講演会などで筆者は聞くことが多い。「斜めの線」が「垂直線」になることが理解できないのである。

スリアワセがバーチャルモデルで実現する

従来は現実の現象を再現することがシミュレーションなどの解析技術の役目であった。このため、いかに精度良く再現するかが、解析技術ツールという扱いであった。

これが現代では、設計段階で設計仕様の持つ機能パフォーマンスを表現するシミュレーションと製造機器の動き、クセを表現することのできるバーチャルモデルの双方組み合わせのやり方が可能となった。

製品の機能パフォーマンスをデジタル表現ができるということは、製造機器の動きも量産時の環境も考慮してデジタル表現ができるということである。このことから、従来、製造機器のクセを熟知した現場技術者と試作物などのリアルな現物を用いて、量産前に行っていた設計仕様と量産要件のスリアワセがバーチャルモデルを用い、設計段階で可能となる。

設計側が製造側の持つ製造機能パフォーマンスを用い、検討した設計仕様を製造できるのか、量産バラツキ時の機能がどうなるかなどを検討しながら設計、量産仕様の決定可能とするシステムができあがった。

シミュレーション通りの機能をリアルに実現する

各シミュレーションなどの解析技術は作業ツールという扱いであったが、設計技術、解析技術、製造技術をデジタルで連携した設計製造システムでの工場全体を俯瞰したモノづくりに代わったというのが現在の製造環境である。即ち、「シミュレーション通りの機能をリアルに実現」することが可能となった。

図5.6を見て頂きたい。設計のデータ中心のバーチャルワールドと実際のモノを扱うリアルワールドの定義は図5.5と同じである。図5.5と図5.6の違いはバーチャルワールドから工場側のリアルワールドへ移行する期間が、図5.6では存在していない。

この移行期間では、設計仕様と量産要件のモノを使ったスリアワセを行ってきたことが、すでに必要がないところまで来ている。

その内容は企画、構想設計、詳細設計の段階で従来行われてきたスリアワセは完了し、なおかつ、量産バラツキも含めた従来の量産前の移行期間に検討した内容を大幅に超えた項目の検証が完了することを意味する。このため、従来は「リアルな動きをシミュレーションで再現」するという考え方が、シミュレーションの駆使した設計段階でできあがった製品の機能パフォーマンスを「シミュレーション通りの機能をリアルに実現」するシステムが世界中で動き出している。

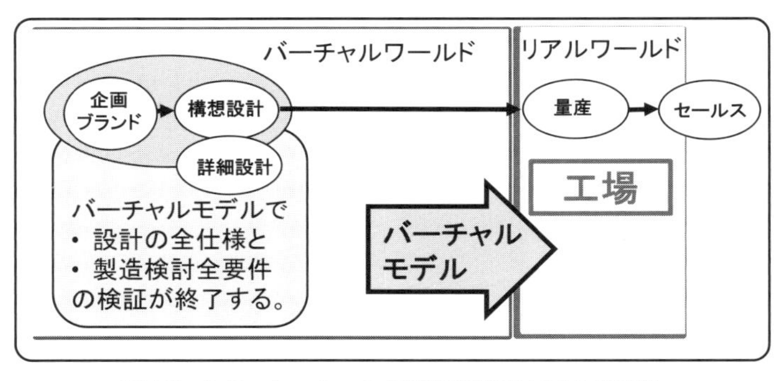

図5.6　シミュレーション通りの機能をリアルに実現

ここの情報は第１章で説明したDPPの部品履歴の管理項目の３つの要素のうち（１）設計図･設計仕様のデジタルレプリカ、（２）ロット単位の管理情報の２つが揃ったことになり、「斜めの線」が「垂直線」になった体制が前提であることが判る。

形状、機能、制御指示アルゴリズムを連携し、パフォーマンスをデジタル表現したバーチャルモデルを用い、開発、製造の設計仕様、量産要件を決定するバーチャルエンジニアリングがもたらした「シミュレーション通りの機能をリアルに実現」システムが本格的にスタートしたのは2010年前後である。前述した独メルケル元首相がIndustry4.0を発表したのは2011年と、ほぼ同時である。

ファブレス化はシミュレーション通りの機能仕様を実現すること

形状、機能、制御指示アルゴリズムを連携し、開発中の製品パフォーマンスをデジタル表現したバーチャルモデルを、バーチャルシーン環境の中で現実と同様の活用検討検証を行う。これと同じように、製造機器のバーチャルモデルと開発中の製品バーチャルモデルをバーチャル製造環境の中で連携、稼動を行うことで製造の検討、検証も行うことができる。

製造機器のバーチャルモデルには、その変形、機構からくる遅れ時間も考慮できることから、設計上の上限、下限での製品の機能品質だけでなく、製造機器のパフォーマンスからくる量産品質も検討することができる。量産品の品質は形状品質だけでなく機能品質の評価も検討、検証ができる。

これらの結果から、新たな製造発注先のバーチャル製造環境が判ると、製造機器のクセも考慮した品質管理ができることになる。

開発・製造エンジニアが開発と同時に量産検討を行うことから、より高い品質の量産図面であるバーチャルモデルが完成する。これは、工場から出荷され市場で使われる製品の形状、機能パフォーマンスを表現したバーチャルモデルとなる。

バーチャルモデル、バーチャル開発環境、バーチャル製造環境の連携したアウトプットとして上市製品モデルが流通することになる。ということは、このデジタルのバーチャルモデルが価値のほとんど全てを意味することになる。すなわち、データ品質だけでなく、データの所有権保証が必須になる。

このような背景から、デジタルデータのトレーサビリティと改ざん防止を確保するDPP規制の成立は、自然の成り行きと言える。

設計の３Dデジタル化はファブレス化を実現する第一歩

３D形状のデジタル化は機能パフォーマンスのデジタル表現につながり、製品設計の革新をもたらした。この考え方は製品設計だけではなく、既存の製造機器のパフォーマンスのデジタル表現を可能とした。これは、製造機器のバーチャルモデル化である。

個々の製造機器のバーチャルモデルと製品のバーチャルモデルの連携がモノづくりと設計の融合した新たな製造変革を起こし、Industry4.0で代表される各国の産業育成政策として動き出している。

図5.7を見て頂きたい。1960年代、有限要素法などのシミュレー

ション解析のため、形状のデジタル化が必要となった。

すでに汎用解析計算プログラムは市販され始めていた。そのプログラムの中で、点と点を結ぶ手法で形状のデジタル化が始まっていた。これが、非常に粗い間隔ではあるが、解析用のCAEメッシュモデルの始まりであったと言える。

余談であるが、この当時はCAEという言葉は存在せず、1980年代にDr.Jason R. Lemonの記述した論文で初めてこの言葉が世に出たと言われている。ちなみに、Dr.Jason R. LemonはSDRC（Structural Dynamics Research Corporation）社などのCAE関連企業を創設し、CAE技術の世界では伝説の人である。

1970年代には、すでに航空機メーカー、自動車メーカーの中で形状のデジタル化のための３DCAD自社開発が始まる。最初は意匠デザインツールとしての活用が主であったようだが、モノづくりの金型切削用の形状データへの活用が検討されていた。

1980年前後から、各社が自社CADとして技術拡張を進める中、自社だけでなく他社からの要望、他社への提案などで、自社のみのCADであったものが市販CADとしての役割も始まる。なんと40年以上も前の話である。

航空機メーカーのダッソーアビエーションが開発したCADシステムのCATIAは、ダッソーシステムズがその後の開発と販売を請け負うことにある。同様に、自動車メーカーGMも独自で開発・活用していた、後のUnigraphicsを市販展開に移す。

この３DCADシステムは21世紀に入り、前述のSDRC社のIdeasと合併する。その後、合併したUnigraphicsとIdeasはシーメンスに買収されNXとして、CATIAと同様、市場を席捲することにな

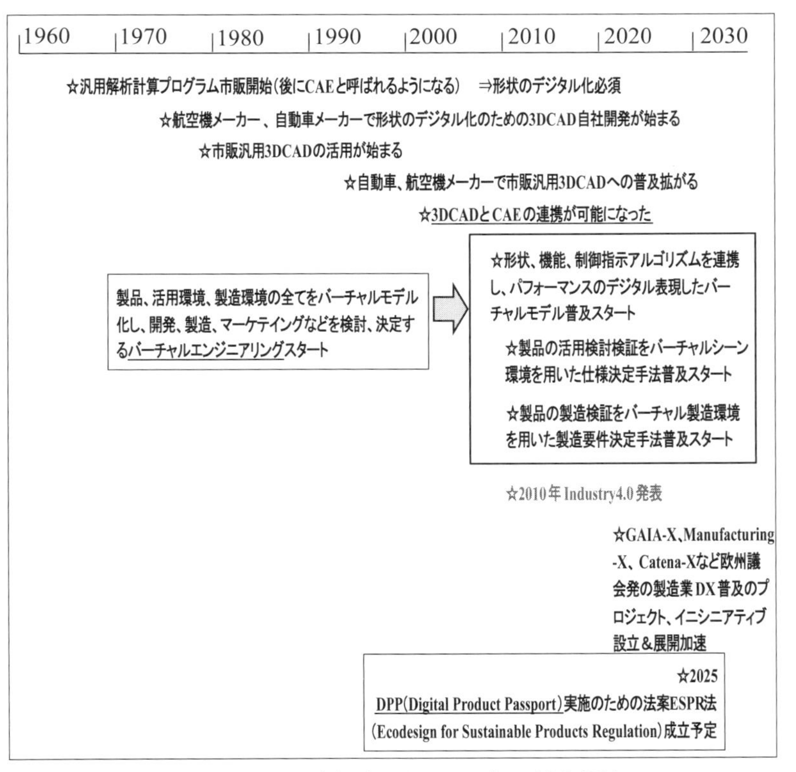

図5.7　３D設計とバーチャルモデルの進化経緯

る。

このように形状のデジタル化は半世紀以上前から始まった歴史があり、航空機産業、自動車産業では３D設計がすでに普及をほぼ終了している。

21世紀のスタートと同時に３DCADとCAEの連携が可能になり、CAEを活用した設計仕様の機能パフォーマンスのデジタル表現が可能となる。これにより、形状、機能、制御指示アルゴリズムを連携し、パフォーマンスのデジタル表現したバーチャルモデルの技術とその普及がスタートした。

これに、製品、活用環境、製造環境の全てをバーチャルモデル化し、開発、製造、マーケティングなどを検討、決定するバーチャルエンジニアリングスタートが技術的に成立したのが2010年である。前述したが、この時期、ドイツのメルケル元首相がIndustry4.0を発表する。

バーチャルエンジニアリング環境のシステムの１つがDPP規制

長々と、図5.7の３D設計とバーチャルモデルの進化経緯を記述したのは、すでに、世界の開発・製造のシステムはバーチャルモデルを駆使したバーチャルエンジニアリング環境のシステムになっていることを認識して頂きたいからだ。

このシステムがすでに動き出し、活用されていることで、各国が提案する産業育成シナリオ、ルール、法案などの新たな社会システムが登場しており、その社会システムの１つにすぎない、それがDPP規制である。

5.6 デジタル環境の進化によりモノづくりとビジネスの変革と、それらを保証する規制が生まれた

履歴保証と知財権も含む唯一無二のデジタルデータであることの保証、そのための社会との正確な契約ルール、システムがDPPである。第１章に記述したが、デジタルデータのトレーサビリティ

と改ざん防止を確保するための項目をもう一度リストアップする。

DPPと呼ばれる取り組みは、

- あらゆる製品は固有の識別子と基本情報を持つ
- ブロックチェーンを用いてトレーサビリティと改ざん防止を確保する
- 監督当局によるデータの検証を可能とする

などの対応を行い、製品の環境への影響や持続可能性へ進めるためのデジタルモデル＆データの再活用を促し、情報と資源と生産環境を守るための仕組みである。

このため、

- 部品レベルまでの管理
- 情報の管理は製造した企業
- 情報の知財権保証がもたらす自由ビジネス

と、あらゆる製品は固有の識別子と基本情報を持つ。

全ての製品、部品の持つ情報はガラス張りになり、知られることになるが、その情報のトレーサビリティと改ざん防止は各企業の持つブロックチェーン技術で保証されるのである。

このため、このデジタル環境とガラス張り管理の可能な企業にとって、現在の閉じ込められたようなサプライチェーンの中にもし存在していたとしても、そのマーケット展開は、サプライチェーンに縛られない自由ビジネスの世界が拡がることになる。

具体的には、DPPの部品履歴の管理項目は次の３つの要素になると言われている。

（１）設計図・設計仕様のデジタルレプリカ

（２）ロット単位の管理情報
（３）個々の部品のトレーサビリティ情報

これらのDPP規制に対し、世界がどのような対応を行っているかについて、記述していきたい。

COLUMN

アジア地域の3D化の話題

先日、技術系のNPO団体で講演する機会があり、質疑応答時、中国に進出している日本の金型メーカーのオーナーの方からコメントがあった。

「当社は金型を製造する部分は3D化しております。日本では進んでいる業務システムは未だ手書きなのですが、3Dが普及しています。日本から来るもの（図面）には2D図面もあり、3Dにおこす仕事もしています。当社も、当初、手書き2D図でしたが、3Dへ、段階的に移ってきました。2010年には、すでに、3D化が終わっていました。この国（中国）は効率を求める気質なので、中国の企業は段階的に進めるのではなく、一気に3D化/デジタル化が進みました」と言われた。

中国での金型ビジネスでは3D化は当たり前というより、ビジネス展開上、必須条件の言い方であった。

このNPO団体では筆者の講演が録画されており、関係者のみ、視聴が可能であった。その講演会には参加できなかったが、その録画された講演を視聴された方より、お手紙を頂いた。この方は、東南アジアに進出し、約20年間、現地で鋳造用金型メーカーを経営されている。その方のお手紙の一部を紹介したい。筆者が講演の中で、デジタル化は経営者マターということを再三申し上げたことから、日本の経営者に対しての要望も強く記述されてあった。

「日本の経営者は現場力に甘えて戦略性に欠ける（つまり経営者としての責務をサボっていた）点については大変共感いたします。そのことが日本のIT化やデジタル利用、ひいてはDX化の遅れにつながっています。ただ、デジタル技術は非常に高額でランニングコストもかかり、埋没コストとなります。そもそも日本のサプライチェーン構造において、我々中小企業は大手企業のコストダウン機能である面は否めません。

デジタル化（３D化）は確実性が向上し、ひいてはスピードアップと省人化につながりますのでどんどん進めるべきです。しかし、金ない、人ない、若くない経営者の中小企業は単独でのデジタル化には限度が有ります。国と大手が旗を振って中小を先導しなければいけないのですが、国は金を出すだけで大手は中小を叩くことしか考えていない。このような状況が続くと、中小が消えるか？ DXが進まないか？ という構図ができてしまいます。

設計においても日本式の２D設計は15年前に諦めました。大学のドラフターのお話と言い、日本のデジタル化の遅れには危機感を感じます。」

というシリアスな内容のお手紙であった。

話は変わるが、筆者の友人の中に、自動車部品のサプライヤの役員だったのがいる。すでに引退して10年以上経つが、その友人と話している時、彼が、韓国に鋳造品の部品発注を検討しようとした時の話を始めた。リーマンショックの前後であったようだが、日本で作るより30%前後安いと聞いていたので、直接、韓国の部品メーカーを訪問し、状況調査を行ったようだ。この時、先方から出された条件は３D図面での対応がMustであった。その後、どう進めたかの詳しいことは伝えてもらえなかったが、リーマンショック前後の2008年ごろ、完全３D図が条件だったようだ。

３D図面にとって、2008年はエポックな年と言える。世界が３D設計に移った時期である。今回、このコラムで中国、東南アジア、韓国の話題を記述したが、少なくとも、この３か国では、この時期に３Dに切り替わっていた事実を聞くことができた。

第6章　DPPで拡がるビジネス、変革するサプライチェーン

6.1　DPP規制はモノづくりのデジタル基盤システムに必要な「無形資産の保証」システム

DPP（デジタル製品パスポート）規制は、モノづくりのデジタル基盤システムにおける「無形資産の保証」の役割を果たす重要な仕組みと言える。製品、部品の形状、パフォーマンスの設計上のデジタル化、製造時、リアルモニタリングで計測、修正履歴管理、それらの情報を「無形資産」として保証するDPP規制システムでは、各情報が唯一無二の情報として管理されることになる。

もともとは環境規制対応から始まっており、リサイクル効率の改善、サステナビリティの向上は基本的な機能である。だから、このDPP規制が進むことで製品寿命後の資源回収・再利用が効率化し、環境負荷を抑えた製品設計・製造が進むことになる。

なぜならば、サプライチェーン全体の透明性とトレーサビリティの保証は、サプライチェーン内のデータ共有促進が始まり、製品の設計情報、部品履歴、製造プロセス、リサイクルデータなどをリアルタイムで追跡可能となる。技術、知財などが全て公開されるようになるが、それらを活用する場合の「無形資産の保証」を行うシステムがDPP規制なのである。

「無形資産の保証」を行うシステムが社会基盤になることで、新たなビジネスモデルの創出が始まった。例えば、第5章で説明したファブレス、ファウンドリーの加速、拡大が予測される。ま

た、第４章のスマートマニュファクチャリングで記述したように、各部品レベルでの履歴はリアルモニタリング駆使の製品ごとの唯一無二の情報となり、DPP規制の基本として機能する。

すなわち、DPP規制が社会基盤を整備し、その新たなビジネスモデルが、DPP規制をよりレベルの高い「無形資産の保証」の確立へ促すことになる。

（１）ファブレス化の加速

製品の全履歴が透明化されることで、製造工程を待たずとも品質保証が可能となる。

（２）ファウンドリー化の拡大

製造プロセスの透明性が向上するため、受託製造業者の信頼性が向上。

製品、部品の形状、パフォーマンスの設計上のデジタル化、製造時のリアルモニタリングでの計測した情報、修正履歴管理、それらの情報を「無形資産」として保証するDPP規制はデジタル化した産業、社会基盤の中で、無形資産の保証として活動することになる。

6.2 「無形資産の保証」は新たなビジネスモデルを拡大

メタバース環境を用いたバーチャルエンジニアリング

バーチャルエンジニアリングとメタバースは形状、機能、挙動をデジタル化したモデルをバーチャル空間で表現するコミュニティと考えると、ほぼ同じ内容に思われる。バーチャルエンジニアリングは、バーチャル環境上でバーチャルモデルを連携し設計仕様に基づいた機能パフォーマンスを表現、検証、検討する技術と環境を20～30年かけ、社会システムのデジタル変革も伴った開発・モノづくり環境として構築してきた。

現在では、技術的にはすでに構築され、例えば、各部品、製品のパフォーマンスを表現しながら設計・開発・製造検討/整合するシーンモデル開発や工場のモノづくり現場の作業性検討、量産性の可能性、人の動きなどの検討で新たな開発体制として拡がっている。これらが、実現が期待されるメタバースインダストリーの内容とほぼ一致する。

バーチャルエンジニアリングはクローズドな環境

メタバースインダストリーとバーチャルエンジニアリングは、データと参加者のオープン性が全く異なる。

バーチャルエンジニアリングは自動車会社や、メガサプライヤの提供する開発プラットフォームとの連携による検討の場として、正式に契約した企業、組織だけのクローズドな環境である。これは技術、知財などを駆使し、機能的に活用するため、バーチャルエンジニアリング環境内でSPICEなどの契約を行い、「無形資産の保証」を行う必要があった。

このバーチャルエンジニアリング体制になってから、各サプライヤが「無形資産の保証」も含めて、直接、完成車メーカーまたはメガサプライヤとビジネス契約を行う。このような契約形態から、サプライチェーンは多層系から一層へ集約したビジネスへと動いている（**図6.1**）。

デジタルビジネスの拡がったバーチャルエンジニアリングになっただけで、サプライチェーンが一層化し、サプライチェーンの透明性が確立していることになる。DPP規制を進めるにあたって、「サプライチェーンの透明性の構築」の必要性はあるが、バーチャルエンジニアリングを展開している企業や産業にとっては大きな課題ではないことになる。

欧州では一般的なSPICE

ここで、SPICEについて、簡単に説明したい。バーチャルエンジニアリングで先行している欧州の例ではOEMまたはメガサプライヤと各サプライヤが商法上の契約をし、一種のプラットフォームビジネスに参加する。この商法の契約ルールはシステム、

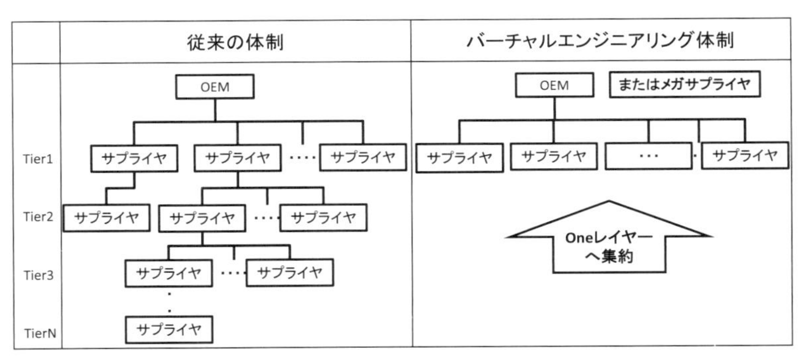

図6.1　一層へ集約したOEMとサプライヤ間ビジネス

データの取り扱いなどの規定まで明記したSPICEが一般的に用いられている。

このSPICEは、1992年以降、開発プロセスとプログラム品質保証に関する契約ルールとして欧州で検討、構築された。2006年以降、SPICEのコア内容はAutomotive（A）-SPICEとして、欧州の自動車産業を中心に運用され、普及した。また、このSPICEはソフトウェアプロセスアセスメントの標準化と謳っていたが、2017年よりシステムプロセスアセスメントに変更し、オーディオシステム、ブレーキシステム、ステアリングシステムといった組み込みソフトの含まれたハードウェアを中心としたシステムまで適用する大きな意味を持つ契約ルールとなった。

欧州のローカルルールのように見えるが、現在、世界のデファクトスタンダードとして普及しており、間もなくISO化されるところまで来ている。このSPICEを用いた契約では、OEMとサプライヤ間の知財権の扱い、機密、信用などの担保が正確に行われる。これが、OEMとサプライヤがバーチャルエンジニアリング環境で自由に協業可能なクローズドなビジネスとして成立している理由である（図6.1、**図6.2**）。

6.3 DPPにより出現するバーチャルエンジニアリング経済圏

知財権、機密も保証され、契約なしにビジネス参加可能

メタバースは一般のユーザーも参加できるオープンな環境である（**図6.3**）。このため、現在、このメタバース環境をバーチャ

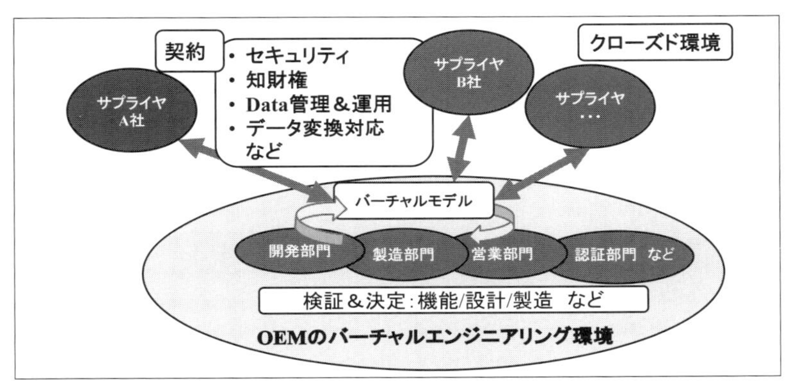

図6.2　OEM、サプライヤ間を交換＆行き来するバーチャルモデル

ルエンジニアリング環境と同じように活用すると技術、知財などの保証ができず、インダストリー分野での活用は知財権だけでなく、データ品質保証がない状況も含め不可能であった。最も、知財権が絡む産業、分野ではほとんどメタバース環境の活用が控えられてしまっていた。

だが今後、DPP規制の対象部品が増えることにより、各部品の「無形資産の保証」が可能となる。このため、バーチャルエンジニアリング環境で行っていた開発や、設計業務の協業などが技術的にも、ビジネス的にも可能となると思われる。

このエンジニアリング領域としての活用でのメタバースへの期待は、技術的よりもその環境の運営費用の安さと簡便性ということになる。環境が一般化されることで従来のバーチャルエンジニアリング環境に比べると単純に考えても、数十分の１、数百分の１以下のコストで対応できることが予想される。そして、最も大きなことは、一般ユーザーも含め、各サプライヤが大きなプロジェ

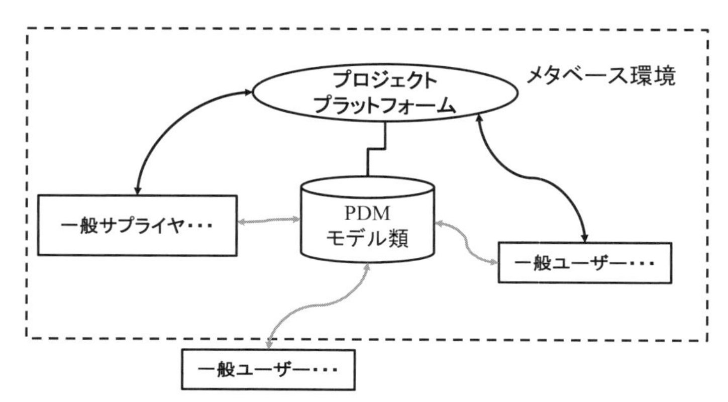

図6.3　メタベース上のプロジェクトと各サプライヤ、一般ユーザーの関係

クトへ自由参加ができることにある。

バーチャルエンジニアリングではOEM、メガサプライヤがプラットフォーマーとなっている。従来のプラットフォームビジネスは、契約、ルール、パスワードマネージメントなどで機密、知財権を担保してきた。その機密、信用などを担保するため、パスワードの扱いを非常に高いレベルでマネージメントすることで、開発の協業のビジネス展開を行っている。

オープン参加で自由なメタバース環境では機密、知財権の担保が現段階では、難しい。これらの課題はDPP規制が成立することで、従来、いちいち契約し、クローズドな環境で運用されているバーチャルエンジニアリングがメタバース環境で一般開放されることになる。

メタバースはVR（バーチャルリアリティー）、バーチャルエンジニアリングなどの技術確立を目指す展開とは違って、ある種のコミュニティの活用充実が目的でもある。このため、従来、確立した技術などをこのコミュニティで表現し、その活動がビジネスとして成長すると市場は判断しているようだ。

その活動内容は情報発信、ルールメイキング、将来への議論の場設定などで、具体的なビジネスとしての活動は表立って見えないが、今後、そのビジネス活動の中身は明確になるだろう。ある種の産業革命となりうる大きなイノベーションであり、今後の展開に期待するところである。

特に、**図6.4**で示すように、従来は実際のモノを用いたリアルな経済圏が中心であった。このように、デジタルデータを用いたバーチャル経済圏が成長するとともに、インダストリービジネスが大きく動き出すと予想できる。大きなドライビングフォースとなりうるDPP規制が始まることになる。

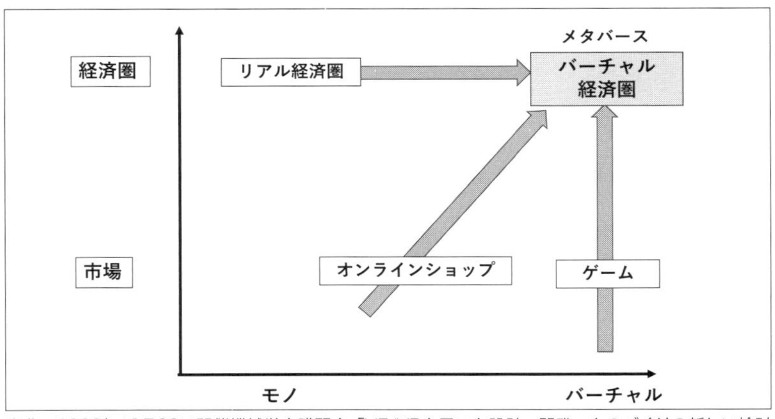

出典：2022年12月22日開催機械学会講習会「VE/VRを用いた設計・開発・ものづくりの新しい検討手法の紹介」廣瀬通孝東京大学名誉教授「新時代のものづくりとVR」説明資料（伊藤隆敏コロンビア大学教授資料を参考）に筆者加筆

図6.4　リアル経済圏とバーチャル経済圏

6.4 全てのデジタル化したモデルがコア。だからDPP規制が必要

バーチャルエンジニアリング、メタバースでビジネスコアとなるバーチャルモデルを用いたファブレス、ファウンドリーの概念は形状とパフォーマンスのデジタル化されたモデル活用で成立する新たなビジネスである。

デジタルビジネスのコアとなるデジタル化のうち、形状とパフォーマンスをリアルとデジタルで表現するバーチャルモデルは形状のデジタル化が必須であり、全ての基本である。この基本となる形状のデジタル化の日本の状況を、経済産業省発行の『ものづくり白書』で確認する。

図6.5と**図6.6**は、2020ものづくり白書で調査した日本の製造業の３Ｄ設計/CAD普及率のOEM-協力企業間での設計指示に用いられている図面の形態を示している。３Ｄデータの活用は20％以下であり、デジタル化された形状を用いた製造業ビジネスが普及していないことが判る。

この2020年ものづくり白書を編集した、当時の経産省ものづくり政策審議室長はこの白書を編纂中の2020年１月末、筆者のバーチャルエンジニアリングに関する講演をご聴講されていた。

そのQ&A時、最初の質問者がこの室長であり、「３Ｄ設計を行うと設計者が考えなくなると言われてますが、それに対してはどうお考えですか？」ということを質問された。大学のベテラン先生がよく言われていることなので、その内容が経産省にも伝えられていたと思われ、以下の内容を伝えた。

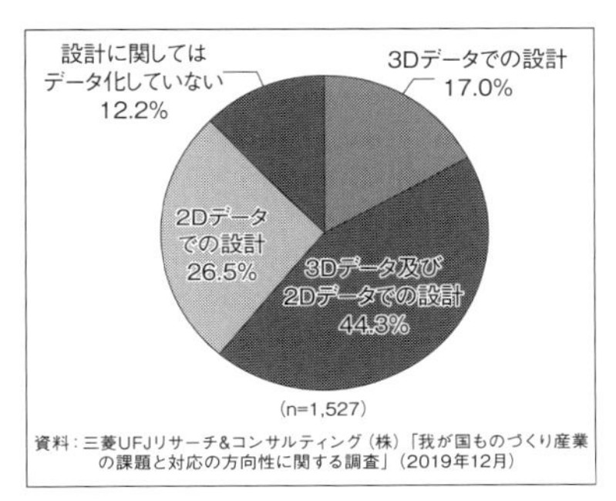

出典：経済産業省『2020ものづくり白書』

図6.5　３DCADの普及率（設計方法）

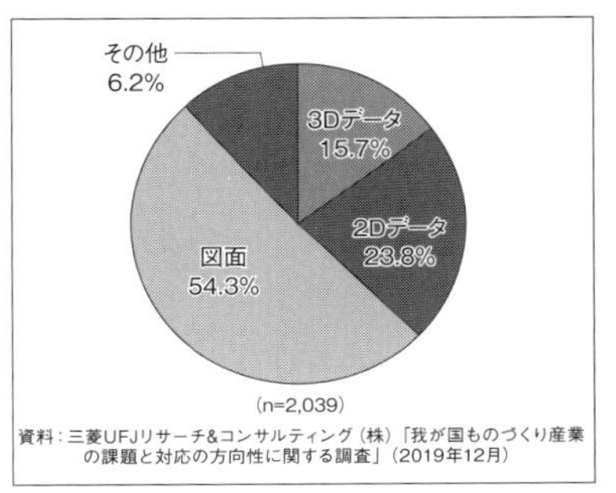

出典：経済産業省『2020ものづくり白書』

図6.6　協力企業への設計指示の方法

20年以上前、３D設計が始まったころ、３D設計を行うと考えなくなるということが言われた。その内容の払拭には、いろいろな場面で筆者も説明したし、拙著『バーチャル・エンジニアリングPart３』でも記述した。結論としては、３D設計を行うと考えなくなると言われるような設計者は、２D設計を行っても考えない設計者なのである。

２D設計では図面の表現機能が３Dに対し稚拙であることから、形状の誤魔化しができる。そのため、設計者が仕様検討を深く考えていないことを隠すことができたのである。このため、３D設計においては、考える設計者と、考えない設計者のレベルがはっきりと判ってしまう。だから、３D設計を始めたころ、もともと考えなかった設計者の姿が明確になってしまったのである。

教授ですら理解できないモノづくり変革

ベテラン設計者からはまるで考えない設計者が増えたように見える。だから、３Ｄ設計を行うと考えなくなると誤解されたことがあった。このようなことは、大学の重鎮と呼ばれる設計関連の先生方からも言われたようだ。

遠い過去の話と思っていたら、そんなことはない。2024年、東京大学の教授と話していたら、東大大学院に移って来た大阪にある国立大学工学部機械工学の学生が３Ｄ設計を行っていないので理由を調べたら、その大学の先生が３Ｄ設計は学生に悪影響を与えると判断し、2024年、定年で退官するまであえて行うことを禁じていたということが判って驚いたことを筆者に教えてくれた。この先生は非常に影響力のある方なので、この国立大学では３Ｄ設計が普及していないようであると言っていた。

筆者は大学との情報交換も行っている。そこで東京の理系私立大学の先生からの話であるが、2023年度まではドラフターを用いた２Ｄ設計製図を行っていたが、さすがにデジタルのこの時代なので、2024年度からドラフターを撤廃し、デジタル設計へ変更したと説明していた。ただし、手書き２Ｄ図の象徴であるドラフターは廃止するが、３Ｄ設計ではなく、２Ｄ図のデジタル化した２ＤCADへの変更である。

大学の現場で変化、進化がない訳ではないが、その動きが20～30年遅いのだ。このような現実の状況を理解できないベテラン設計者、大学の先生自体が設計・モノづくりの変革が起こっていることを理解していないことが判る。そのような20～30年前からのビジネス変革について行けない大学の実態が際立つことになる。

デジタル化されたモデルの流通ビジネスの存在していない分野では、DPP規制の実態を理解すること自体が難しいのだ。

6.5　３D設計と絡むサプライチェーンの透明性

図6.7には、OEMとサプライヤ間の図面のやり取りと製品の納入について示している。上段が２D図中心の日本の状況、下段が欧米中心の世界の状況を示している。

日本のビジネスに流通する図面が３D化されても、OEMからのサプライヤへの要望などの変革が終わるまでは、上段の形が継続すると思われる。そのため、この状況での説明をしたい。

上下の違いは「K/H&図面仕様など」がOEM側にあるのか、サプライヤ側にあるのかである。

日本では、「K/H&図面仕様検討結果織り込み」した製品がサ

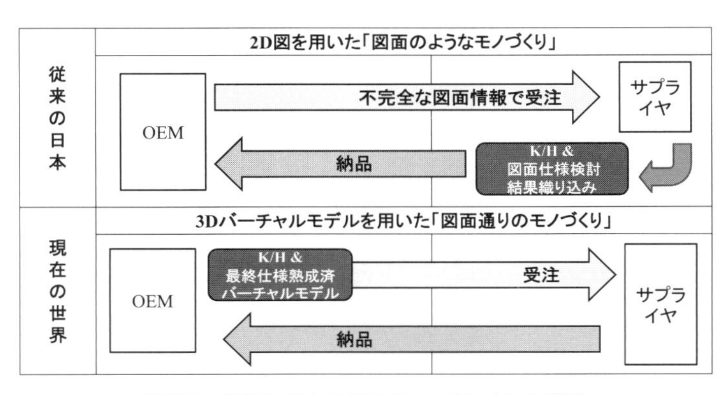

図6.7　世界と日本のOEMとサプライヤの関係

プライヤ/造り現場から納品される。２D図面では形状表現が完全ではないため、造り現場の判断を多く入れることができる。

不完全な表現の２D図を用いたモノづくりは「図面のようなモノづくり」であった。だから、日本では「いかに言われたこと以上の成果を出すか」が“現場の誇り”となっている。

図6.7で説明したいことは、日本では、２D図面に含まれていない詳細の仕上げ状況を決めるようなK/H（ノウハウ）などが造り現場に存在していた。このK/Hなどのレベルが高いことから、日本品質の高さが世界から垂涎の的になっていたと思われる。図面が正確ではないことが、逆に、造り現場のレベルを高めていたことになる。

この“現場の誇り”に頼っていたことは否めない。逆に捉えると、この“現場の誇り”を生かすために、２D図面から３D図面化が遅れていると考えても否定できないのかもしれない。

では、欧米はどうなっているのかというと、造り現場では「いかに言われたことを忠実に守るか」が基本スタンスとなっている。

繰り返しになるが、形状、パフォーマンスまでデジタル表現できるバーチャルモデルを図面として「図面通りのモノづくり」が世界で行われている。このため、OEM側から供給されるバーチャルモデル（３D図面も含む）に含まれた「K/H&最終仕様熟成済」の情報通りに製造することになる。このため、このバーチャルモデル自体の情報の“デキ”で、製品の品質も決まることになる。

DPPは「技術＝エンジニア力」への舵取りの契機

OEMの設計上流での開発検討の充実が、モノづくりの全てになってきたということだ。イメージで言うと、欧米では「技術＝エンジニア力」であり、日本では「技術＝現場力」という図式が成立する。

現在のモノづくりの基本は、設計段階でのデジタルを用いた仕様熟成が全てとなっている。この仕様熟成には、OEM内の技術だけでなく、サプライヤからの技術での対応も含まれる。

これらのことから、機能仕様、機能品質、仕様熟成などは設計段階のデジタルデータの対応であり、そのデータの知財権、データ品質保証、データ再利用などが必須事項となる。それらのマネージメントとその保証が最大の課題となる。

そのために生まれた規制がDPPである。だから、モノづくりの環境基盤においてデジタル化の成立していない産業では、DPP規制のメリットがなく、このDPP規制の受け入れは難しい。

また、日本では、サプライヤへの発注は仕様成熟とその技術対応を含んだ発注となっていることが多い。製品の価格にこの技術対応費が明記されていることは少ないが、この技術対応を行うことで、量産受注の確約をもらうことが多い。

このため、サプライチェーンは技術対応を通して、ある意味、ファミリー・サプライチェーンでの企業力の位置付けも含まれていることとなり、図6.1のように固定化したファミリー・ツリーとなる。

日本のサプライチェーンは、その多層なサプライヤが個々の製品のサプライヤとしての立場だけでなく、技術対応として、仕事のアウトソーシングも含め対応してきた。言わば、OEMごとのファミリーサプライヤ集団として、ともに成長してきた。

ファミリーサプライヤ集団の持つ仕事には、技術とアウトソーシングがあり、それが日本の強みであった。日本では、図6.7で示したように「K/H&図面仕様検討」は、サプライヤ側に属することになる。このまま、日本でのOEM/サプライヤの対応内容が変わらないままDPP規制が進展すると、この「K/H&図面仕様検討」はサプライヤ側の責任となる。これらの内容のほとんどをデジタルビジネス環境の現在、見直しを行う必要が出てきたのである。

日本のサプライチェーンは、従来の複雑な関係もあり、透明化への道は厳しい。図面がバーチャルモデルとなり、サプライヤ側の技術対応を不要とすることには、OEM側の技術対応が必要となる。技術対応をOEM側に移し、「図面通りのモノづくり」ができるようになると、サプライチェーンの透明化が進むことになる。ということは、図面のバーチャルモデル化が日本のサプライチェーンの透明化への必要条件となる。

DPP規制はある意味、日本のサプライチェーンの形態も世界標準に変革するチャンスと捉えるべきなのかもしれない。

COLUMN

「なぜやらないのだろう」3D設計

先日、技術系のNPO団体で講演する機会があり、質疑応答の時間が少し余ったので、司会の方が筆者へ、簡単なトピックはないですかと質問された。そこで、都内にある私立の理工系の大学の設計講座が未だに２D図であることを説明した（この内容は第６章で詳しく説明）。

それを聞いたことで、この講演会の質疑応答の最後に会場から、「当社はこんなことを進めてきたんだ」という話題を淡々と話し始めた方が居た。この方は20名ほどの従業員のいる日本の金型メーカーの会長さんで、雰囲気的には家業を息子さんに譲って悠々自適のような穏やかな表情であった。次のようなことを説明した。

「いまから15年以上前の2008年ごろ、リーマンショックで仕事が減った。それまでの２Dのやり方では、将来がないと思ったので３DCADを導入した。設計者は４～５人であったが試しに入れた。当初、２Dで行っていた時と比較すると時間が倍かかってしまった。このまま何とか進めたのだが、2010年ごろには、設計者がCAEとかいろいろな検討も行っており、それらを含めても、２D設計を行っていた時と同じか、それ以下になった。

結果として、設計者が十分な検討も含めて、考え、そして設計することから、非常に効果的になっている。いまから考えても、本当にやって良かった。

ただ、現在でも、うち（その金型メーカー）より大手でも、３D設計は行っていない。それらの企業と取引をしていると、２D図にして欲しいと言ってくる。これだけ効果があるのに、会社として規模が大きくて、余裕があるはずなのになぜやらないのだろうと思っている」
と話されていた。

３D設計というと「大企業の行うもの」というイメージが強いと言われているが、実は、デジタル化の恩恵はどのような企業にも均等に得られることは、あまり知られていないようだ。この会長さんは自社の成功体験と他の会社への期待を込めて言われたのかもしれないが、筆者にとって、従業員20名前後の金型メーカーの素晴らしい成功例を聞くのは非常に稀なケースであった。

おそらく、このような例は多いのかもしれないが、大手企業の動きや、同業他社への遠慮もあり、情報が拡がっていないのではないかと思われた。

第7章　最新技術を社会システム実装する

7.1　DPP規制は社会システムを維持する土台

1960年代、メインフレーム型のコンピュータの登場によって、企業、政府、公的機関などでデジタルデータを用いたビジネスが拡がった。デジタルビジネスには60年以上の歴史が存在していることになる。そのデジタルマーケットの拡大とともにデジタルデータの価値も高まり、デジタルデータの品質、知財権、データ再利用の考え方などの「無形資産の保証」が必要になってきた。そのことから、具体的な対応としてデータの保証、ビジネス保障などの社会システムの秩序維持が必要となる。

また、1980年代から始まる「循環型経済、持続可能性の概念」の形成を考えると、地球規模でのEcoDesignsの考え方の醸成がすでに40年以上続くことになる。このように数十年の経過の中で「無形資産の保証」と「循環型経済、持続可能性の概念」が融合しながら、現在の社会システムが成長していることになる。

DPP（デジタル製品パスポート）規制は、モノづくりのデジタル基盤システムにおける「無形資産の保証」と地球規模でのEcoDesignsへの「持続可能性の循環型経済社会」を形づくる役割を果たす重要な仕組みと言える。今後の社会システムを維持するための役割を担っている。

そのようにDPP規制は「正義」であるという位置付けで推進さ

れており、筆者もそのように理解する。

7.2 DPP規制が先か？ デジタルビジネス基盤が先か？

製造業において、ほぼできあがったデジタルビジネス環境で「無形資産の保証」と「循環型経済の確立」のため、DPP規制が機能することになる。世界のモノづくりの社会システムのデジタルビジネス基盤の運用が、より効果的になるための必要条件としてDPP規制が成立し、2025年末に動き出す。

だが、モノづくりにおける社会システムのデジタルビジネス基盤が存在しない日本では、DPP規制に「無形資産の保証」も「循環型経済の確立」の役目もなく、DPP規制が発効されるとそのための屋上屋を架すような対策行為のみが行われることになる。このため、この規制への対応として費やす時間と費用が、「無形資産の保証」と「循環型経済の確立」という本来の目的とは違うものに向かう可能性が高い。

おそらく日本の世間一般、マスコミなどからは、「日本つぶしだ」というような言葉が聞こえてくることになる。なぜなら、その機能を必要とする製造業での社会システム「デジタルビジネス基盤」が存在しないからである。

「DPP規制が先か？ デジタルビジネス基盤が先か？」と問われれば、世界がすでに確立した「デジタルビジネス基盤」を構築し、社会システムとして運用する体制を構築することから始めるのであり、それが日本の製造業が世界のデジタルビジネスへ参加することのできる“お墨付き”なのである。

そのデジタル社会環境の上で、ビジネス参加の必要条件となるDPP規制対応ということになる。

それがバッテリー規制で判明した次の課題、

（１）サプライチェーンの透明性構築
（２）デジタルインフラの普及
（３）情報共有のためのデータ標準化
（４）中小企業のデジタル支援
（５）公的支援機関の充実

であり、ソリューションとなる。

これらの課題はDPP規制の課題ではなく、「デジタルビジネス基盤」が存在しないことから生じる課題なのである。日本の大きな課題は世界標準の「デジタルビジネス基盤」を構築し、世界と同様に効果的なビジネス運用を行うことである。

7.3 モノづくりの「デジタルビジネス基盤」構築は進んでいるのか？

モノづくりでは、造るためのコピーマスターが必ず存在する。そのコピーマスターは図面を中心に情報を集約し、表現され、活用されてきた。その図面が２D図の場合、形状表現は不正確なため、造り現場のK/H（ノウハウ）によって、品質のバラツキがあった。この図面が３D化したことで、形状がデジタル表現され、形状の正確性を得ることができ、品質の標準化が可能となった。

世界では、政府の政策、研究機関、大学などが対応し、「デジタルビジネス基盤」を形成してきた。その中で、モノづくり「デジタルビジネス基盤」でのデータのコアであり、肝心なコピーマスターとなる形状のデジタル化が日本ではできていないことを前章までに説明した。

形状デジタル化普及推進活動には、大学が機能していないだけでなく、逆に若いエンジニアに躊躇と停滞をもたらしている例も未だに見られ、ある意味、大学へ相談に行っても、過去に戻されるような古い情報と感覚に接することになる。新しい世界のモノづくりに接していない大学の先生にとっては、「デジタルビジネス基盤」を中心に動いているビジネスを理解することが難しいとは思われるから、一概に大学の先生方を非難することはできないが、モノづくりの「デジタルビジネス基盤」についての議論を彼らと行うことは難しい。

筆者が大学の理工系分野の機能としてイメージすることは
（１）トップサイエンスの研究
（２）判っている過去の理論/技術の教育
（３）最新技術の社会システム実装
である。

この中で（1）トップサイエンスの研究では、ノーベル賞を取ったり、（2）判っている過去の理論/技術の教育では、日本をリーディングする技術者の輩出が行われてきたのは事実である。だが、（3）最新技術の社会システム実装について、日本の大学にはその機能の存在がほとんど感じられない。

大学に頼ることができないとなると、公的研究機関に対してその機能を期待する。だが、研究機関の多くは（1）トップサイエンスの研究が主であることが多く、大学と同じように（3）最新技術の社会システム実装の機能の部門は小さい。

7.4 国家のデジタルビジネス基盤構築と産業育成の例

「最新技術の社会システム実装」に対し、欧州、北米はどうなっているのであろうか。その具体的な例を挙げ、日本の参考にしたい。

●ドイツ

Industry4.0で知られるドイツではドイツ政府の政策と公的研究機関、大学が有機的に機能する役割が見える。

第３章図3.3で示したように、ドイツの政府、産業界、労働組合や研究所が参加するIndustry4.0プラットフォームの組織体制では、政府のシナリオ構築、その共有を産業界、労働組合や研究所参加メンバーで行われている。また、ドイツの研究機関Fraunhoferが産業界、大学との技術展開/推進の役割を示している（**図7.1**）。

政策シナリオはすでに産業界で共有していることから、企業からの研究委託、事業アイデアがこのFraunhoferに持ち込まれるようだ。

また、大学からは、研究委託などに必要とする技術シーズ、研究者がFraunhoferでの公的研究プログラムなどへ参加する。そして、この研究プログラムの中から、企業への人材輩出、スピンアウトが行われ、人材の行き来がFraunhoferを介し、大学、産業間で行われることになる。

ドイツ政府の政策の技術、人材の全体推進機関がFraunhoferなのである。

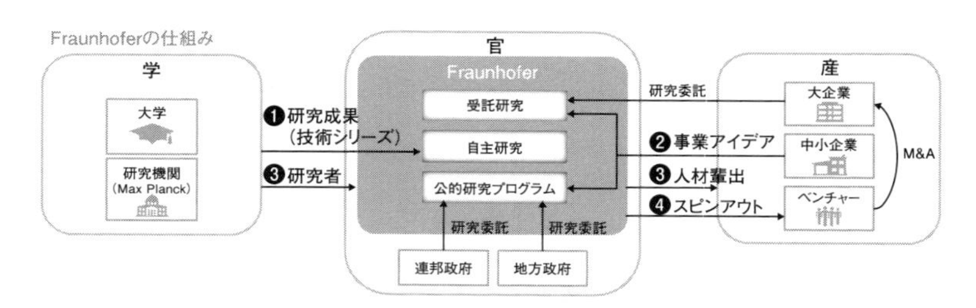

出典：経済産業省「報告書平成27年度産業経済研究委託事業人工知能等の技術変革を踏まえた海外企業及び各国政府の取組に関する調査研究」(連邦経済エネルギー省公式ウェブサイト、Industry 4.0 プラットフォーム公式ウェブサイト等)

図7.1　Fraunhoferと産学展開

基本的には政府主導で大学と研究機関、産業界が緊密に連携する三位一体型の政策支援が行われていることになる。このため、大学が新しい世界のモノづくりビジネスの状況を、日本のように知らないということはあり得ない。

Fraunhoferと産総研の違い

日本の産業技術総合研究所（以下、産総研）はドイツFraunhoferと技術契約を行っているが、この２つの研究機関の立ち位置は違っているように見える。

Fraunhoferは応用研究に特化しており、大学の基礎研究を補完する形で産業界に応用する技術を生み出しているのに対し、産総研は基礎研究から応用まで幅広い範囲をカバーしているものの、重点領域の集中や大学との連携においてはあまり大きな結果を生み出していない。

産学のコントロール機能に対して、日本では産総研が行っているように見えていたが、欧州の動きと比較すると、産総研中心にだけ考えるのではなく、政府による大学・研究機関・産業界の連携支援の強化が何らかの形で必要なのではないかと思われる。

ドイツはFraunhoferが中心となり、政策遂行を行っているが、Fraunhoferのような推進研究機関のない国はどのような動きをしているのであろうか。そこで、英国、米国の動きを調べたい。

●英国

英国は産業各分野でのイノベーション能力を変革するためのシナリオを発信し、産業育成政策を推進する機能を持つCatapultという独立した非営利の民間組織を設立した。そのシナリオに従い、Catapult研究センターを７か所設立した。この研究センターはドイツのFraunhoferを参考にしており、最先端の研究開発のインフラを備えたセンターである。

Catapultの各研究センターは、技術の商業化を支援することが目的で、実証実験のための最新鋭の設備を企業に提供する（**図7.2**）。特に、自社で実証実験のための施設を持つ余裕のない中小企業支援が念頭に置かれている。

その中で英国ものづくり推進センター（the MTC: The Manufacturing Technology Center）は2010年設立、2011年稼動し、世界をリードする技術、イノベーションを目指すCatapult政策の１つとして運営されている。英国政府からの予算以外に、企業や大学・研究機関からジョイントプロジェクトの形で、人と資金と技術が持ち込まれる。企業からはニーズも持ち込まれることになる。

また、the MTCには、世界中から最新鋭のモノづくり設備が

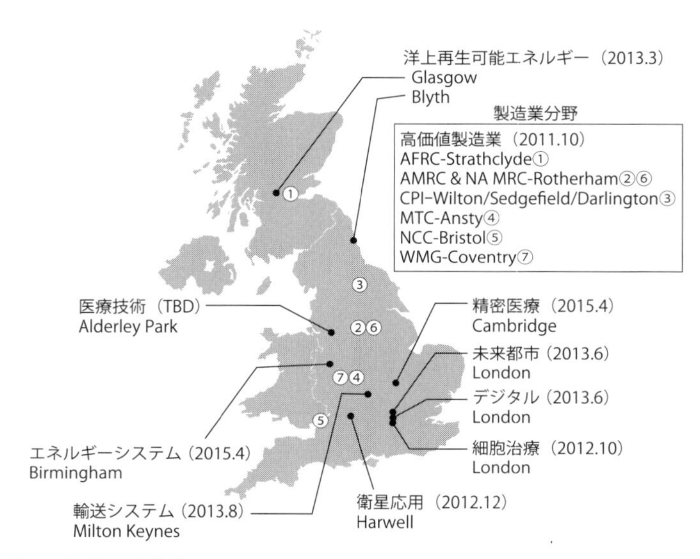

出典：Catapult HPより作成

図7.2　英国全土に配置されたCatapult研究センター

導入されており、設備を提供する側と利用する側との連携の場にもなっている。この設備自体がショールーム的な機能を持ち、英国内の研究機関・産業界に水平展開が行われていることになる。英国全体の製造業における技術革新を、積極的に促す役割を持つ。

新設された７つのCatapult研究センター

the MTCも含めて、英国全土にCatapult研究センターが７か所配置され、英国産業の育成に強い意志と期待が込められている。テーマの中の大きな項目には「モノづくりのデジタル化」、「信頼性の高いサプライチェーンの構築」などがあり、バッテリー規制で判明した我が国の次の課題は、この研究センターの2010年設立時からの対応内容に含まれる。
（１）サプライチェーンの透明性構築
（２）デジタルインフラの普及
（３）情報共有のためのデータ標準化
（４）中小企業のデジタル支援
（５）公的支援機関の充実
英国の研究センターの一部は大学内に設置され、大学、研究機関、産業分野の三位一体の展開が行われており、日本の手本になりそうだ。

●米国
2011年ドイツ・メルケル元首相によるIndustry4.0発表が、米国の製造業に大きな影響を与えたようだ。発表直後、産業育成シナリオ作成と展開推進の機関として、製造イノベーション機関MII（Manufacturing Innovation Institute）を設立、そのシナリオに沿った形でデジタルを用いた製造と新しい開発・イノベーションの技術研究と普及のため、2015年ごろまでに、16の研究施設が次々とオープンする（**図7.3**）。
メルケル元首相のIndustry4.0発表後の2012年１月、当時の米国オバマ大統領が一般教書演説でモノづくりを米国に戻す旨の演説を行った。
その製造イノベーション機関MIIは、大学・国立研究所、大企業、製造業支援センターを介し中小製造業者、スタートアップ企業、

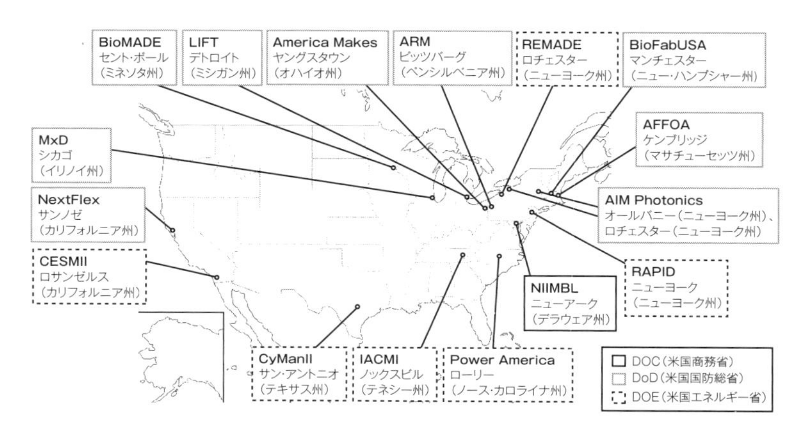

図7.3　全米の16の研究施設

全米の16の研究施設とのネットワーク体制を持つなど、米国製造業の技術革新を積極的に展開するコントロールセンターの役割を持ち、機能している（**図7.4**）。英国のCatapultをスケールアップした形だ。その会議には米国政府の長官レベルも参加する。

次々と設立された16の研究施設のうち、MxD（Manufacturing x Digital）という研究機関がある。この研究機関の説明には「革新的な製造業者の国の目的地：MxDは、技術革新、労働力開発、サイバーセキュリティへの備えを通じて米国の製造業の競争力を強化することにより、経済の繁栄と国家安全保障を促進します。国防総省とのパートナーシップにより、デジタル導入の加速、熟練した労働力の育成、サプライチェーンの近代化により、製造業の重要な課題を解決するためのエコシステムを招集しています。MxD は、国防総省が指定する National Center for Cybersecurity in

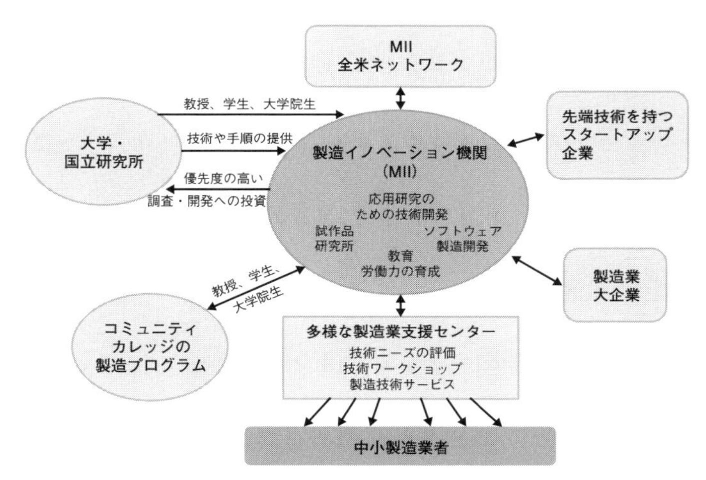

出典：経済産業省「報告書平成27年度産業経済研究委託事業 人工知能等の技術変革を踏まえた海外企業及び各国政府の取組に関する調査研究」(AMP（2012）"Capturing Domestic Competitive Advantage in Advanced. Manufacturing" を和訳の上　経済産業省にて作成）

図7.4　米国の製造イノベーション機関（MII）と産官学の連携

Manufacturingでもあります」と記述されている。

サプライチェーンに対しての説明には「MxDは、サプライチェーンのパフォーマンスを向上させるために２つのことを行っています。まず、サプライチェーンを最適化するプロジェクトに資金を提供し、多くの場合、センサー、ソフトウェア、分析を組み込んでいます。第二に、サプライチェーンの組織の招集者として機能します。サプライヤと一流のメーカーとの間のコミュニケーションが不足していることがよくあります。デジタルの持つ者と持たざる者の間には隔たりがあります。大小の製造業者は、サプライチェーンを前進させるためのベストプラクティスを共有するためのガイダンスと中立的なフォーラムを必要としています」などが記述されている。

この研究施設の重点分野として、戦略投資計画/サイバーセキュリティ /防衛協力/デジタルエンジニアリング/労働力開発/フューチャーファクトリー /サプライチェーンなどがあり、16の研究機関の中のこの研究施設の対応だけでも、バッテリー規制で判明した我が国の課題対応が可能となりそうである。

7.5 はたして誰が、推進するのか

最近「日本にはデジタル人材が少ないので育成が必要」ということがよく聞こえてくる。では、デジタル人材とはどのような人なのか、考えたい。

いま、日本でデジタル人材とはどんな人なのかと聞くと、**図7.5**に示すように階層が存在するデジタル人材で3番目の「デジタル技術の専門家/担当者」のことを指すことが多いようだ。具体的に言えば、ソフトウェア開発者やシステムエンジニア、CAE技術者、IoTエンジニアなどである。

企業の役員の方によく言われることは「うちのIT部が弱くてね（だからDXが進まないんだ)」。このような言葉からも、DX展開などのデジタル基盤作りはIT部門の仕事と思っている企業の役員クラスが多い。また、マスコミ含めて一般に、DXはIT技術者の仕事と思っているように思われる。

「DXの推進、デジタルビジネス基盤」構築などには、何のためにデジタル化、DXに取り組むのかという経営目標や戦略の設定が最初に必要なのである。

	Step	役割	必要なスキル
①	経営者／CDO（Chief Digital Officer）	何のためにデジタル化、DXに取り組むのかという経営目標や戦略の設定 ・企業全体のデジタル戦略を策定し、実行をリード ・デジタル技術の導入と組織全体のデジタル文化醸成を推進 ・新しいビジネスモデルの創出と変革管理	経営者に求められるデジタル人材は、多岐にわたるスキルと経験を持ち、企業のデジタルトランスフォーメーションを効果的に推進する ・戦略的思考とリーダーシップ ・デジタル技術の深い理解 ・変革管理の知識と経験　**Strategy**
②	デジタル変革のリーダー／管理職	戦略的思考を持ち、業務プロセス変革のためにデジタル化を推進 ・デジタルプロジェクトの計画、実行、モニタリング、完了を管理 ・変革状況の管理と推進のためのリーダーシップ ・また、組織全体のデジタル文化を醸成する	一般管理職の経験とビジネススキルを持つ ・戦略的思考 ・ビジネスモデリング ・変革管理 ・顧客志向　**Tactics**
③	デジタル技術の専門家／担当者	形状、機能、システム、プロセスなどのデジタル表現と管理技術を持つデジタル変革担当者 ・ソフトウェア開発者（Software Developer/Engineer） ・システムエンジニア ・CAE技術者 ・3DCADモデラ― ・データアナリスト／データサイエンティスト（Data Analyst/Data Scientist） ・IoTエンジニア（IoT Engineer）　など	一般的な ・テクニカルスキル ・ソフトスキル ・ビジネススキル **Operations**

図7.5　階層が存在するデジタル人材

この戦略（Strategy）は経営者が立てないと進まないのである。これが図7.5①の階層である経営者なのである。序章0.1節に、デジタル戦略は経営者の仕事という動きの例を記述した。その戦略シナリオに従って、戦略的思考を持ち、業務プロセス変革のためにデジタル化を推進するリーダー／管理職が必要となる。これが図7.5②である。図7.5③はそのオペレーションとして必要な人材である。

筆者の経験では、シッカリとした戦略があり、デジタル変革のリーダーが正確に動くような環境であれば、現在の若い技術者達は、３か月もあれば一流のデジタル人材に育つ。このようなことを経験された方であれば、筆者と同じような意見を発する。

デジタル人材の育成の本質は、図7.5の①と②の経営者とリーダーをいかにデジタル戦略思考ができるように育成することである。また、産業界、社会システムの「DXの推進、デジタルビジネス基盤」構築などには、政治家、日本経済団体連合会をはじめとし、経済三団体などのリーダー格にデジタル戦略思考のできる人材が必要となる。

モノづくりの分野で考えると現在、日本の中では、デジタル戦略思考のできる人材育成に取り組めていないことになる。これがIndustry4.0が発表された後、15年近く経っても、日本だけが社会システムのデジタルビジネス基盤構築の国家シナリオができない理由ではないだろうか。

7.6 デジタルビジネスの動きの迅速化と巨大化

第４章で、スマートマニュファクチャリング推進企業によるCAE企業の買収と連携が進んでいることを記述した。日本ではCAE自体、大学や企業での活用普及があまり進んでいないことから、2017年ごろから始まったCAE企業大手の買収は、一般的な同規模の製造業企業の買収と比較して１桁高い額であったが、日本の経済ニュースなどでは大きな話題になっていなかった。

ところが、その後もCAE企業の買収は続くのである。2024年のたった１年間でCAE企業３社がEDA企業に買収されたのである。その買収額はスマートマニュファクチャリング推進企業による買収額よりも高く、１桁高い額なのである。具体的にはEDA企業の米Synopsys社が約5.1兆円でCAE企業Ansys社を買収発表した。日本製鉄がUSSスチール社を２兆円で買収することが日米問題になっているほどであるが、その倍以上の額での買収である。まさにデジタルビジネスの巨大化が進んでいることが判る事例であるが、日本の経済ニュースなどで話題として取り上げていない。

構造解析（FEA）、流体解析（CFD）、電磁界解析（EM）、熱解析（“Heat Transfer”、“Thermal Management”、“Joule Heating Analysis：電磁場と熱解析の連成”など）など、多様なシミュレーションツールを提供していたMSC Software、ESI社、Ansys社の大手３社だけでなく、それに続く規模のAltair社が約1.4兆円、BETA CAE Systems International AG社が約1900億円で、大手グローバルCAE企業が次々と買収されたのである（**表7.1**）。

ところで、巨額な資金を出したEDA企業とはなにか？ また、このような巨額な額での買収の背景は？ 将来、DPP規制とどのような関連が生まれるのか？ などを簡単に説明しながら、現在のデジタルマーケットの動きの速さと巨大化を理解したい。

EDA（Electronic Design Automation）とは、電子回路の設計や開発において不可欠なツールで、半導体開発には必須技術である。その役割は一般製造業の設計や開発で用いているCAD/CAM/CAEのうち、半導体開発に特化したCAD/CAMの役割と考えると理解がしやすい。このため、半導体CAD/CAMとしてビジネスしているEDA企業は技術として不足しているCAEを企業買収で手に入れることになる。

EDA業界のグローバル市場占有率75%を占めるSynopsys社、

表7.1　スマートマニュファクチャリング推進企業とCAE/CAD企業の連携

CAE/CAD 企業	技術分野	年 2015　2020　2025　2030
PTC	Siemens、Dassault System に続く米の大手 CAD/CAM/CAE 企業	＜スマートマニュファクチャリング推進企業と契約＞ ☆2018 年 米 Rockwell Automation 社と戦略的パートナーシップ契約
ESI グループ	製品開発の初期段階から最終段階までのシミュレーションを行い、製品の性能を事前に評価する技術提供	＜スマートマニュファクチャリング推進企業が買収＞ ☆2023 年 米国 Keysight 社が約 1400 億円で買収
MSC Software	CAE シミュレーションソリューションのリーダーであり、設計の初期段階から製品のライフサイクル全体まで技術提供	＜スマートマニュファクチャリング推進企業が買収＞ ☆2017 年 スウェーデン ヘキサゴンが約 950 億円で買収
ANSYS	CAE 技術の中でも特に「シミュレーションベースの設計」に力を入れ、熱流体解析、電磁界解析に強み	＜ EDA 企業が買収＞ ☆2024 年 米 Synopsys 社が約 5.1 兆円で買収発表
BETA CAE Systems International AG	「シミュレーションの自動化」に注力、構造解析に強みを持つ	＜ EDA 企業が買収＞ ☆2024 年 米 Cadence 社が約 1,860 億円で買収
Altair	「データ駆動型の設計」に注力し、トポロジー最適化、マルチフィジックス解析に強み	＜ EDA 企業が買収＞ ☆2024 年 独 SiemensEDA 社が約 1.4 兆円で買収

Cadence社、Siemens EDA社（Synopsys 32%、Cadence 30%、Siemens EDA 13%）が2024年、次々とCAE企業を買収、買収発表を行ったのである。

では、なぜ、この時期に、迅速に、巨額な資金が動いた買収劇の理由を知ると、驚異的な背景が判る。

半導体の微細化の限界、チップレット化による新たな設計

半導体において、2nm（ナノメートル）などと呼ばれる微細化はその極限に近いところまで進められている。このnmをイメージするため、水分子のサイズと比較してみる。酸素原子１つ、水素原子２つが組み合わさった水（H_2O）分子の直径は0.38nmと

言われ、２nm幅にはたかだか水分子が５～６個、横に並べた程度である。このため、半導体幅の微細化の展開推進は鈍化し、次の方向として**図7.6**のステップ２のように2.5D、３Dに積層化したチップレット化※となるようだ。

微細化、積層化により、回路密度が上がり、エネルギー密度も上がることから、熱発生、電磁波によるノイズ発生などの課題が生じてくる。このため、回路設計時、発生する熱と電磁波の影響を少なくする検討が必須であるとともに、熱伝導の改善やデバイスの冷却、また、熱による基盤の変形、劣化の設計検討が重要項目となる。

半導体の微細化が進むにつれて、電子や原子の動きが機能に影響する現象がより重要になってくる。これらの現象を把握し、設計プロセスに反映させるために、CAEが大きな役割を果たすことになる。買収の主な目的は半導体設計力の向上である。

半導体の市場規模は経済産業省の資料には、2030年には100兆円と記述されている。このような大きなマーケットであるから、CAE企業の買収に巨額な資金が動くことになる。

経産省の資料では現在、日本はステップ１の「製造基盤の確保」を精力的に進められている（図7.6）。2030年に向けて、世界はステップ２の2.5D、３Dのチップレット化された「次世代技術の確立」に向かったマーケット展開が見える。

半導体もProductであることから、将来、DPP規制対象になると考えられる。その必要情報には、設計時のCAE検討情報を含めた履歴入力が必須となると思われる。これでCAE企業買収の理由とその目的が理解される。その時になって、日本の経済ニュー

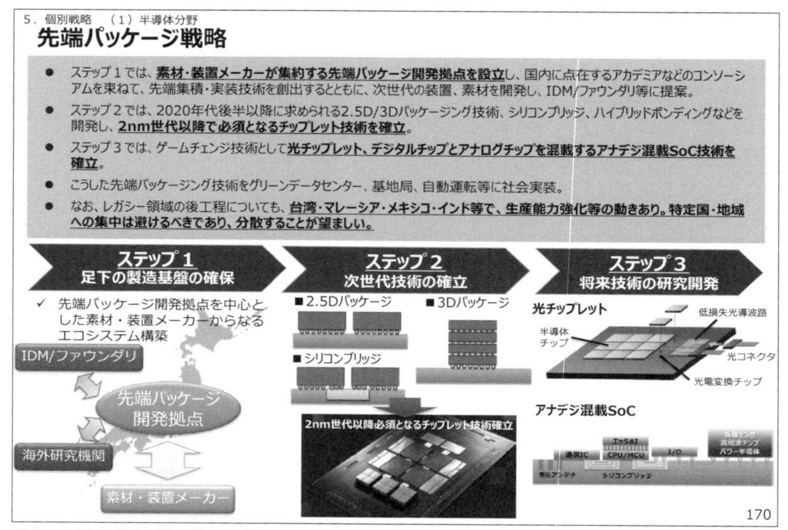

出典：経済産業省 半導体・デジタル産業戦略検討会議「半導体・デジタル産業戦略」（令和５年６月）

図7.6　半導体設計での先端パッケージ戦略

スなどで、この話題が、思い起こされることになりそうだ。

※チップレット化：１つの大きな半導体チップを作る代わりに、複数の小さな「チップレット」と呼ばれる個々のチップを設計し、それらを組み合わせて１つのパッケージに搭載する手法。

【参考データ】

Catapult：https://hvm.catapult.org.uk/our-centres/

MxD：https://www.mxdusa.org/about/

終章　DPPをモノづくり変革の契機と捉えろ

8.1 デジタルビジネス基盤構築のため、国家の産業育成シナリオと公的推進機関の構築を急げ

世界各国が産業育成シナリオを作成し、それに従った公的研究推進機関を設立、モノづくりの社会システムの刷新とデジタルビジネス基盤を構築している。各国ともドイツのIndustry4.0発表の2011年と同時か、2015年ごろまでにこの対応を始めている。遅くても、いまから10年前に始めていることになる。

日本のモノづくりにおけるデジタルビジネス基盤が非常に遅れている理由の１つとして、世界のモノづくり、設計・開発の最新技術が日本の中で知られていないことがある。また、一般企業でモノづくりシステムの刷新とデジタルビジネス基盤を構築するための技術指導を受けるところが、日本にはない。おそらく20年前の世界の各国および企業も、日本と同じ状況であったのだろう。だから、公的推進機関の構築を国家戦略として進めてきたのであろう。

その展開が日本にはなかったから、モノづくりにおけるデジタルビジネス基盤が遅れているのであるとしたら、世界と同様に「国家の産業育成シナリオと公的推進機関の構築」を行えば良いのである。それにより、デジタル戦略思考のできる人材育成が進むだろう。

大きさ、規模を考えると巨大な予算投資を行っている米国より、従来の大学の技術、施設も利用するシナリオで進める英国のような政策を設定、それに従った公的研究推進機関を構築すれば良いのだ。

筆者は拙著『バーチャル・エンジニアリング』(2017年刊) 以降、Part 5 まで続くシリーズの中で「国家の産業育成シナリオと公的推進機関の構築」を提案してきた。DPP規制が2025年、法律として動き出すいまならば、「国家の産業育成シナリオと公的推進機関の構築」の必要性が日本の中でも理解できるのではないだろうか。

モノづくりの社会システムのデジタルビジネス基盤構築の国家シナリオとして、前述したドイツのIndustry4.0、英国のCatapult、米国の製造イノベーション機関MII (Manufacturing Innovation Institute) の他、フランスのクラスター制度、中国の「中国製造2025」、インドネシアの「Making Indonesia 4.0」など、製造業で世界をリードするための政策を打ち出している。

日本でもSociety4.0やSociety5.0と呼ばれる内閣府の第5期科学技術基本計画が出されているが、産業育成の現場との乖離が大きいのか、その目的、具体的な内容が一般の製造業に従事しているものには不明のままである。ということから、日本には具体的なモノづくりの社会システムのデジタルビジネス基盤構築の国家シナリオがないと思われる。そのためにデジタル戦略思考のできる人材育成の上、国家の産業育成シナリオと公的推進機関の構築が急務なのである。

8.2　公的デジタルビジネス基盤の提案

DPP規制で最初に指定されたバッテリー対応で、日本におけるDPPの導入課題が次の項目として明確になったことを再三説明した。

（１）サプライチェーンの透明性の構築
（２）デジタルインフラの普及
（３）情報共有のためのデータ標準化
（４）中小企業のデジタル支援
（５）公的支援の拡充

これらは、モノづくりの社会システム上のデジタルビジネス基盤がないことが、課題解決の難しい理由の１つである。そこで、**図8.1**のような公的デジタルビジネス基盤の構築を提案したい。

考え方は、クラウド上に公的な開発・モノづくりデジタル環境とPDMセンターを設置することだ。基本的にオープンソフトのCAD/CAM/CAE環境とPDMセンターを中小企業を中心とした一般企業が自由に活用し、OEMはそのPDMセンターにある受注側データをやり取りすることでビジネス対応するシステムを公的補助により、運営することを提案する。

現在、中小企業の大半はCAD/CAM/CAE環境を導入しようとした時、何を入れるか、どう扱うかを知る機会が少ない。また、PDMでデータ管理しようと考えても、同様に誰に相談すれば良いのかも判らない。

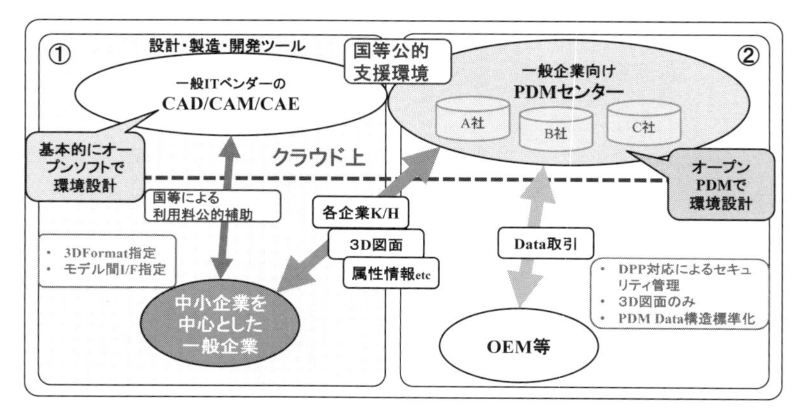

図8.1　クラウド上に国等支援公的モノづくり基盤＆Dataセンター

そこで、公的でセキュリティ保証のできるデータ管理の活用環境の提供を行うことで、DPP規制の課題が解決へ向かう。このような公的資金を使ったデジタルビジネス基盤の提供ができないだろうか。

8.3　おわりに

DPP規制は、モノづくりのデジタル基盤システムにおける「無形資産の保証」の役割を果たす重要な仕組みである。

製品、部品の形状、パフォーマンスの設計上のデジタル化、製造時、リアルモニタリングで計測、修正履歴管理、それらの情報を「無形資産」として保証するDPP規制システムで、各情報を唯一無二の資産として管理されることになる。この内容に対し、誰もが異論はないと思われる。

課題は規制対応するために、
（１）サプライチェーンの透明性の構築
（２）デジタルインフラの普及
（３）情報共有のためのデータ標準化
（４）中小企業のデジタル支援
を解決しないとビジネスができなくなることである。

それは単純にモノづくりのデジタル基盤システムが存在しないことを理由としているだけなのである。ならば構築さえすれば良いのである。

それができない。というより、あえて行わないことにしているようだ。その要因には、日本が製造業ビジネスからの撤退を選択しているのではないかと思われることが多々ある。

- モノづくり産業の将来を見すえた政策シナリオがない
- 大学には最新技術の社会システム実装の機能がない
- 公的研究機関は重点領域の集中や大学と連携し、新たに技術構築する製造業の分野がない
- デジタル人材の育成の考え方は経営者、リーダーではなくオペレターが中心のため、作業レベルのデジタル人材の輩出が目的になっている

将来へのビジネス投資の判断がないまま、20年以上が過ぎた。誰が、この日本の製造業ビジネスの将来を考えているのであろうか。

日本では、デジタル展開は現場のデジタル人材が担当というイメージが続いている。CAE企業の買収額が数百億、数千億を超え１兆円を超えるビジネス展開になっていることを説明した。こ

のことから見ても、デジタルビジネスは企業のトップ、国の戦略の役割になっている。

このようなビジネス戦略を考え、世界のビジネスに対峙し、対応できるデジタル人材が必要となるが、この対応もデジタルビジネス基盤の中での経験により育成される。そのように見ても、デジタルビジネス基盤の構築が日本では急務なのである。

「DX＜ビジネスの分岐点＞」というテーマでDPP規制の内容を記述してきた。DPP規制は、モノづくりのデジタル基盤システムが存在することで、デジタルビジネスが躍動し、新たにビジネス創出が行われるなどのポジティブな規制の 1 つである。その価値を理解しないまま、日本の製造業ビジネスの終焉を迎えるのではないかと危惧する。

日本は製造業で世界をリードして来た時代があった。日本の存在は世界の製造業において巨人であった。

その巨人を世界の製造業は追いかけ、超える展開を進めていたことになる。その武器が、デジタルを用いたモノづくりの社会システムであるデジタルビジネス基盤だ。その基盤の構築と整備に時間を割いていたことになる。

その間、20〜30年、製造業の巨人は眠りを貪っていたことになる。その寝ている巨人の耳元でDPP規制というアラートが激しく鳴り、目覚めさせることになった。

製造業の巨人が立ち上がる時が来たのである。

デジタルビジネス基盤という武器を身に着け、もう一度、この巨人が、世界を躍動、疾駆する姿を見たい。

COLUMN

「デジタル創工房」の設定

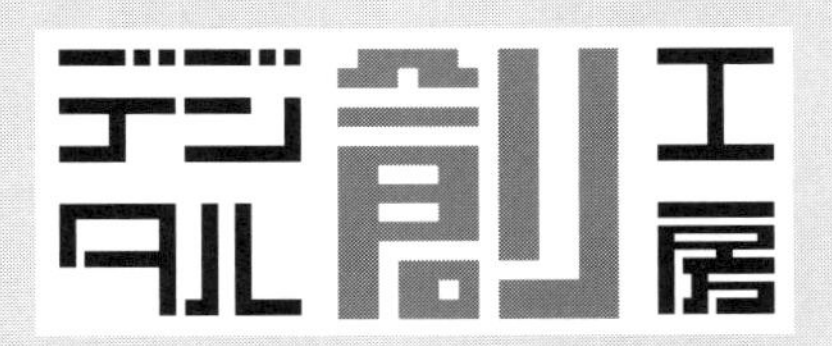

筆者は2013年以降、12年間に渡り、日本機械学会の場を借りて、皆さんの御協力のもと、「VE/VRを用いた設計・開発・ものづくり」と「設計者がCAEを用いて設計検討」関連の講習会を継続して企画してきた。その２つの講習会は12年間、「IT/Digital技術『駆使』のものづくりと設計　～脱“Digital Divide”ニッポン～」のテーマを変えず継続している。

12年継続してきたが、その成果として、必ずしもデジタルビジネス基盤の技術普及、成長が進んだとは言えない。そのズシンとした実感が12年間継続した講師を襲っている。

講習会「設計者がCAEを用いて設計検討」関連の講師は当初４人で始まり、そのうちの１人が違う分野への転勤でご参加できなくなったが、東京大学大学院工学系研究科の泉聡志教授、合同会社ソラボ代表の栗崎彰氏、筆者の３人は、12年間続けてきた。栗崎氏は拙著『バーチャル・エンジニアリングPart４ 日本のモノづくりに欠落している“企業戦略としてのCAE”』の共著者である。

2025年の現在、この３人はデジタルビジネス基盤の普及、成長のため、新たな施策展開を協議している。早急に、この基盤設立展開を大きく進めたいが、12年間進めても、なかなか進まなかった経験もあり、新たなやり方も含めて検討中である。

「日本の製造業をデジタル時代に適応させ、競争力を高める。」をビジョンに、まずはオンライン上で、技術と教材を共有するための「デジタル創工房」というコラボレーション・プラットフォームの設定から始めたい。

- ●オンライン教材の作成活動そのコンテンツの公開
- ●オンライン上での技術情報共有のWG設定

このようなコラボレーション・プラットフォームの活用が、日本のデジタルビジネス基盤の充実につながると、私どもは考え、微力ながらも進めていきたい。なんとか、この「デジタル創工房」の活動を成長させていきたい。もし、「デジタル創工房」というロゴを見たときには、ぜひ、ご参加とご協力をお願いする。

紹介した２種類の講習会の報告書と取材記事はインターネット上で読むことができる。参考までに、2013年の講習会の内容を紹介する。

機械学会 No.13 -113講習会「VRを用いた設計の新しい検討手法の紹介」

https://www.jsme.or.jp/dsd/Newsletter/no39_extra_issue/13-113_report.pdf

MONOist「時代はバーチャル！ モノづくりの形を変えるVR」

http://monoist.atmarkit.co.jp/mn/articles/1412/15/news024.html

機械学会 No.13 -126講習会「低コストCAE活用による設計検討手法の紹介」

https://www.jsme.or.jp/dsd/Newsletter/no39_extra_issue/13-126_report.pdf

MONOist「欧米発CAEはとにかく高い！ ――設計者CAEのあるべき姿とライセンス費用の問題」
http://monoist.atmarkit.co.jp/mn/articles/1402/28/news115.html